Verena Kast

Vom Vertrauen in das eigene Schicksal

MIT MÄRCHEN LEBEN

Verena Kast

Vom Vertrauen in das eigene Schicksal

Der Teufel mit den drei goldenen Haaren

Kreuz

Bibliografische Information der Deutschen Bibliothek
Die Deutsche Bibliothek verzeichnet diese Publikation in der
Deutschen Nationalbibliografie; detaillierte bibliografische Daten
Sind im Internet über http://dnb.ddb.de abrufbar.

Neu gestaltete Ausgabe des erstmals 1984 im Kreuz Verlag Zürich
erschienenen Titels

© 2008 Verlag Kreuz GmbH
Postfach 80 06 69, 70506 Stuttgart

www.kreuzverlag.de

Alle Rechte vorbehalten
Umschlaggestaltung: P.S. Petry & Schwamb, Freiburg
Umschlagbild: © Andrea Rohrbacher
Satz: de·te·pe, Aalen
Druck: GGP Media GmbH, Pößneck

ISBN 978-3-7831-3162-8

Inhalt

*Mein Lieblingsmärchen
von Angela Seifert* 7

Der Teufel mit den drei goldenen Haaren 18

Vom Vertrauen in das eigene Schicksal 26

Die Glückshaut 31

Der König ärgert sich über die Weissagung 39

Die Eltern verkaufen des Kind 43

Das Motiv von dem ausgesetzten Kind in der Schachtel 47

Die vertauschten Briefe 51

Die erste Erfüllung des Schicksalsspruchs 60

Der Weg in die Hölle 62

Des Teufels goldene Haare 65

Der trockene Marktbrunnen 69

Der Apfelbaum ohne goldene Äpfel 73

Der Fährmann, der niemals abgelöst wird 75

Der Teufel und die Ellermutter 78

Der Teufel als Traumdeuter 83

Der belebende Rückweg 87

Die Versetzung des Königs 92

Mein Lieblingsmärchen
Von Angela Seifert

Es war einmal ... ein kleines Mädchen, ein kleiner Junge, etwa vier, fünf Jahre alt. In dieser Zeit gab es Ereignisse, die das weitere Leben der/des Kleinen bestimmten.«

So könnte Ihr eigenes Märchen beginnen. Natürlich kann ich es nicht weiterschreiben, weil ich Sie und Ihre Geschichte nicht kenne, doch ich kann aus meinen Erfahrungen als Psychotherapeutin einiges erzählen, was Ihnen hilfreich sein könnte, selbst ein wenig Klarheit in Ihre Lebensgeschichte zu bringen – wenn das Ihr Anliegen ist.

In der Transaktionsanalyse, die der amerikanische Psychiater und Psychotherapeut Eric Berne begründet hat, arbeiten wir auch mit den Lieblingsmärchen aus der Kindheit und den Geschichten, die später im Leben bedeutungsvoll für die/den Betreffende/n geworden sind.

Wenn Sie wollen, können Sie einmal schauen, ob Sie Ihr persönliches Skriptmuster, Ihr Lebensdrehbuch in dem Märchen »Der Teufel mit den drei goldenen Haaren« entdecken.

An welche Ereignisse erinnern Sie sich, als Sie vier oder fünf Jahre alt waren? Wie haben Sie sich damals in der Familie, in der Sie aufgewachsen sind, erlebt? Am besten, Sie schreiben erst einmal alles auf, was Ihnen einfällt.

Und wenn Sie noch ein Übriges tun wollen, um Ihrer Skriptgeschichte auf den Grund zu gehen, empfiehlt es sich, bevor Sie weiter lesen und vor allem, bevor Sie das Märchen noch einmal lesen, eine kurze Inhaltsangabe des Märchens aus dem Gedächtnis aufzuschreiben, nach dem, was Sie davon noch erinnern. Sie soll wirklich nur kurz sein, fassen Sie das für Sie Wesentliche in wenigen Sätzen zusammen.

Falls Sie sich darüber hinaus noch an ein Buch, Theaterstück, Kinofilm erinnern, das/der Sie in der Zeit der Pubertät, also zwischen 12 und 18 Jahren, sehr beeindruckt hat, schreiben Sie auch eine kurze Zusammenfassung davon. Und wenn Sie dann noch Lust zu weiteren Recherchen über Ihren unbewussten Lebensplan haben, überlegen Sie, welche Geschichte Ihnen in den vergangenen zwei bis drei Jahren wichtig war, und verfahren mit ihr wie mit der Zusammenfassung des Märchens und der Pubertätsgeschichte.

Anschließend können Sie schauen, ob Sie ein gemeinsames Thema zwischen dem Märchen und der Geschichte aus den vergangenen zwei bis drei Jahren entdecken. Das Thema der Pubertätsgeschichte wird entweder ähnlich sein, oder es zeigt eine Gegenposition auf. Denn die Adoleszenz ist oft eine Zeit der Rebellion, und da konstelliert sich im Heranwachsenden eine Tendenz, das Alte, Vertraute aufzubrechen, die bis dahin abgelehnte Seite – oft ist es die ureigene, die den Eltern zuliebe unterdrückt wurde – in das Verhaltensrepertoire mit aufzunehmen. Die Lieblingsgeschichte aus der Pubertät kann also, falls das Lieblingsmärchen aus der Kindheit und die bevorzugte Lektüre aus jüngster Zeit eine Einseitigkeit und damit eine Einschränkung des Lebendigseins aufweisen, die Lösung beinhalten.

Zu einem »richtigen« Drehbuch für das Theater oder für einen Film gehören ganz bestimmte Rollen:
- die Hauptperson, um die sich das Ganze dreht – in den Märchen Held oder Heldin genannt – diese Rolle teilt das Kind natürlich sich selbst zu;
- der Widersacher/die Widersacherin, der/die das Leben erschwert – im Märchen tritt diese Person meist als böser Zauberer, als Teufel oder als Hexe auf –, die das Kind in

der Person erlebt, die hauptsächlich seine Spontaneität einschränkt;
- der Retter/die Retterin – zum Beispiel eine gute Fee, ein alter Weiser, hier: die Ellermutter, oft übernehmen auch hilfreiche Tiere diesen Part –, diese Rolle überträgt das Kind manchmal einer lieben Oma oder einem verständnisvollen Opa, aber auch anderen Menschen, denen es vertrauen kann.
- Dann gibt es auch noch weitere Personen, die unverzichtbar sind, sowie einige Randfiguren, die dazu beitragen, dass die Geschichte unerwartete Verwicklungen erhält, also spannend ist und nicht allzu rasch zu Ende geht.

Und natürlich, das Wichtigste bei jedem spannenden Drehbuch: Es gibt am Schluss etwas zu gewinnen, eine Prinzessin oder einen Königssohn, einen Schatz oder – so wie hier – gar das eigene Leben.

Aber die Spannung der Geschichte besteht darin, dass es mittendrin oft so aussieht, als sei dieser Gewinn nicht zu erzielen, als sei er für immer verspielt – in diesem Märchen steht das Kostbarste, das es gibt, auf dem Spiel: das Leben des Helden und das sogar drei Mal – als müsste am Ende der Held/die Heldin als Verlierer/Verliererin da stehen.

Es ist eben wie im richtigen Leben, denn Drehbücher jedweder Art werden nach den Erfahrungen geschrieben, die das Leben liefert.

Gerade in den Geschichten der frühen Kindheit, also im Vorschulalter, wird das Thema des weiteren Lebens besonders eindrucksvoll deutlich. In diesem Alter sind Kinder sehr aufnahmebereit für alles, was um sie herum geschieht, sie beobachten genau die Menschen, mit denen sie zu tun haben, vor allem natürlich Mutter, Vater und Geschwister, und sie treffen eine, später meist nicht mehr bewusste, Entscheidung. Zum Beispiel kann ein Kind sich sagen: »Ich werde nie mehr meine Gefühle zeigen«, wenn es erlebt, dass seine Gefühle nicht ernst genommen werden. Und als Erwachsene/r wird dieser Mensch dann von anderen als überwiegend rational denkend oder gar als gefühlskalt wahrgenommen. Oder ein Kind sieht, dass jemand in der Familie oft krank ist und deswegen besonders viel Aufmerksamkeit erhält. Es kann sich vornehmen: »Ich werde auch oft krank sein, dann kümmern sich die anderen um mich.« Oder – das ist manchmal bei einem Kind der Fall, das als jüngstes in einer Familie aufwächst – es spürt, dass Mama es am liebsten immer bei sich haben, es nicht eines Tages hergeben möchte, dann kann es sich vornehmen: »Ich verlasse Mama nie. Am besten, ich werde gar nicht wirklich erwachsen.« Daraus wird möglicherweise ein Mensch, der auch im Alter noch kindlich wirkt und von anderen Menschen, zum Beispiel in seinen Partnerschaften, auf ungesunde Weise abhängig bleibt.

Wir nennen diese Schlussfolgerung, die das Kind aus dem zieht, was es in der Familie erlebt – es gibt natürlich noch viel mehr, als die hier kurz geschilderten – seine »Skriptentscheidung«. Sie ist maßgebend für den, zunächst einmal unbewussten, persönlichen Lebensplan, denn die Gefühlsreaktionen und Verhaltensweisen werden um die entsprechende Entscheidung herum aufgebaut.

Als Vor-Bilder, um so ein »Lebensdrehbuch« innerlich »schreiben« zu können, sucht sich das Kind aus den Geschichten, die es hört, diejenigen aus, die am besten zu seiner jeweiligen Entscheidung passen. Zum Beispiel kann sich ein kleiner Junge oder ein kleines Mädchen, dessen Mutter sehr ängstlich ist und ihn von vielen äußeren Unternehmungen abhalten will, weil sie ihr zu gefährlich erscheinen, mit dem Glückskind in diesem Märchen identifizieren. Es erklärt dieses dann zu seinem Lieblingsmärchen, weil darin beschrieben ist, dass man sich durchaus auch in Gefahr begeben kann, ohne dabei gleich umzukommen. Oder ein Kind wird viel allein gelassen, es fühlt sich ungeschützt und tröstet sich damit, dass es vielleicht auch mit einer Glückshaut geboren ist und ihm deshalb schon nichts Schlimmes geschieht.

So werden die Märchen und Geschichten, die das Kind in der frühen Kindheit hört, zu Leitbildern für ein bestimmtes Lebensmuster. Es projiziert sowohl seine innere Not als auch seine Hoffnung, die Möglichkeit der Erlösung, auf die Gestalten, die ihm das Märchen vorstellt.

Wenn nun jemand sein Lebensskript kennen lernen will, sind dazu die Märchen aus der Kindheit besonders geeignet, weil in ihnen immer – im Gegensatz zu den längeren Geschichten eines Buches – nur ein Thema behandelt wird.

In vielen Lebensgeschichten fällt auf, dass es für ein Kind fast immer das Wichtigste ist, die Eltern glücklich machen zu wollen. Die meisten Kinder tun unheimlich viel für Mama und Papa, wobei dann die Tragik des weiteren Lebens darin besteht, dass sie an dieser Aufgabe scheitern. Denn ein Kind kann es nicht machen, dass Mutter und Vater glücklich und gesund sind, dafür können die beiden nur selber sorgen. Zu diesem Zweck kommt das Kind auch nicht auf die Welt. Es wird geboren, um selbst sein Leben zu leben, seinen eigenen Weg zu gehen und sein Glück zu finden. So wie der Held/die Heldin im Märchen.

Was haben Sie getan für Ihre Eltern? Wollten Sie auch, dass Mama zufrieden und Papa stolz war auf die Kleine/den Kleinen? Haben Sie vielleicht besonders viel Rücksicht genommen, wenn Mama wieder einmal Kopfweh hatte oder sehr angestrengt war, weil sie noch weitere Geschwister versorgen oder Geld verdienen musste? Möglicherweise nahmen Sie sich damals vor, rasch selbständig zu werden, um Mama zu entlasten. Vielleicht war Ihr Vater recht stolz auf seine hübsche Tochter oder auf seinen pfiffigen Sohn und

Sie wollten ihn nicht enttäuschen und haben stets nach einer besonderen Lösung für eine schwierige Aufgabe gesucht. Da kann es natürlich im zarten Kindesalter zu Überforderungen kommen, und die Folge davon könnte sein, dass Sie später im Leben die an Sie gestellten Aufgaben nicht mehr richtig einschätzen können und – wie zum Beispiel hier das Glückskind – schnell bereit sind, schwierige Aufgaben zu lösen oder sich gar unüberlegt auf irgendwelche Abenteuer einlassen, die Ihnen zum Verhängnis werden könnten.

Wie auch immer – eine Zeitlang macht es nichts aus, wenn man sich unter- oder überfordert, doch auf die Dauer kann beides zu unangenehmen Folgen führen. Zumindest wird der schließliche Lebensgewinn dadurch in Frage gestellt.

Hier wäre also für Sie die Frage nach Ihren Begabungen und Fähigkeiten wichtig. Wissen Sie um alle Begabungen, die in Ihnen angelegt sind, also könnten Sie – im übertragenen Sinne – drei Haare vom Kopf des Teufels holen? Oder meinen Sie, im Gegenteil, stets alle Wünsche eines anderen fröhlich erfüllen zu müssen, und sind damit hoffnungslos überfordert, weil es nicht das ist, was Sie eigentlich wollen? Und was versprechen Sie womöglich, um den Forderungen anderer nachzukommen? In diesem Märchen kümmert sich der Held um einen versiegenden Brunnen, einen verdorrenden Apfelbaum und einen müden Fährmann. Im übertragenen Sinne heißt das: Sie setzen Ihre eigenen größten Schätze, Ihr Sie nährendes, aus Ihrem Inneren quellendes, schöpferisches Potenzial aufs Spiel und laufen dabei Gefahr, so lustlos und verdrossen Ihr Lebensschiff zu steuern, wie der Fährmann sein Boot.

Oder welche Begabungen liegen in Ihnen noch brach? Wenn »Der Teufel mit den drei goldenen Haaren« Ihr Lieblingsmärchen ist, verfügen Sie möglicherweise über hohe Kreativität, über originelle Einfälle und eine hervorragende

Intuition, die Ihnen hilft, Lösungen für die meisten Probleme zu finden. Wahrscheinlich lieben Sie schnelle Entscheidungen, reagieren spontan und lassen sich nicht so leicht von Hindernissen abschrecken, die sich Ihnen in den Weg stellen, sondern verfolgen Ihre Ziele mit einer schier unerschöpflichen Energie. Vielleicht zeichnen Sie auch Mut, Optimismus und Selbstvertrauen aus, die nicht zu erschüttern sind. Oder es gibt ein starkes Bedürfnis nach immer wieder neuen, vielfältigen Aufgaben, Herausforderungen und Abenteuern.

Was auch immer: In diesem Märchen heißt das Thema »Vertrauen und Wagemut«. Wie passt das zu dem, wofür Sie sich als kleines Mädchen/kleiner Junge damals entschieden haben? »Ich werde einmal ...« – wie geht der Satz für Sie weiter?

Wenn Sie diesen zentralen Satz Ihres Lebensdrehbuchs gefunden haben, auch auf Grund der drei Geschichten, die Sie als Zusammenfassungen geschrieben haben, dann schauen Sie jetzt einmal, ob Sie ihm bisher gefolgt sind und ob Sie ihm weiterhin folgen wollen.

Die so genannte »Skriptentscheidung« ist für das Kind eine optimale Möglichkeit zur notwendigen Lebensbewältigung. Es faßt den Entschluss ja aus den Gegebenheiten, die es vorfindet in der Familie, in die es hinein geboren wurde und die es bis zu diesem Zeitpunkt gut genug kennen gelernt hat, um abschätzen zu können, auf welche Art und Weise es größtmögliche Bestätigung und Zuwendung erhält. Denn darauf ist jedes Kind in höchstem Maße angewiesen. Erwachsene brauchen sie natürlich auch, doch in der Kindheit sind Bestätigung und Zuwendung lebensnotwendig.

Insofern ist jede Skriptentscheidung eine kreative, bestmögliche Lösung für das Kind in dem Leben, wie es sich ihm stellt. Erst später merken die Erwachsenen dann oft, dass die Grundsätze, die das Kind sich damals gegeben hat, heute nicht mehr so recht passen, dass sie das Leben einengen, dass sie eher ein Gefängnis sind als einen weiten Spielraum für die vielfältigen Lebensmöglichkeiten zu lassen.

Das Bekannte bietet ja Sicherheit, während das Unbekannte erst einmal Angst machen kann. Aus diesem Grund halten dann Menschen manchmal lieber an alten Mustern fest, als sich neuen Erfahrungen zu öffnen.

Doch in diesem Märchen erleben wir, dass sich das Glückskind nicht scheut, auch recht ungewöhnliche Aufträge entgegen zu nehmen, um weiterführende Erkenntnisse zu sammeln. Es lässt sich durch Verzögerungen nicht beirren und ist fest davon überzeugt, letztendlich erfolgreich zu sein. Vertrauen, Kraft und Mut hierzu holt es sich bei den »Müttern«, die das Schicksal repräsentieren – der eigenen, die es mit der Glückshaut geboren hat, der Alten in der Räuberhöhle, der »Ellermutter«, die als des Teufels Großmutter bekannt geworden ist – und natürlich auch bei seiner angetrauten Königstochter, die eines Tages sicher auch Mutter sein wird. Im übertragenen Sinne heißt dies: Das Glückskind lässt sich vertrauend in den natürlichen Lauf des Lebens ein, der im Weiblichen beginnt – in und durch die Mutter – und der im Weiblichen endet – im Schoß der Todesmutter Erde.

Vielleicht ist Ihnen das ja auch ein Anliegen: zu erleben, dass Sie im großen Mütterlichen jederzeit geschützt sind, vom Schicksal Ihrer Bestimmung gemäß geführt werden, und darüber hinaus zu erkennen, dass wir alle eingebettet sind in den Ablauf der Zeit und das Zusammenspiel von Gut und Böse.

Je nachdem, welche Person Ihnen in dem Märchen wichtig ist, mit welcher Sie sich gut identifizieren können, und vor allem, welches Thema Sie für sich in Ihren Geschichten gefunden haben – geht es in erster Linie darum, ein sicheres Gefühl für die vielfältigen Aufgaben des Lebens zu entwickeln und auch zu wagen, sich in ungewöhnliche Situationen zu begeben. Dann ist es natürlich sehr wichtig, Ihre Ressourcen zu kennen, die Sie am besten im Schlaf in der Räuberhöhle, in den Rockfalten der Ellermutter, d. h. in Ihren Träumen, Phantasien und Imaginationen finden, also aus dem Unbewussten holen können.

Und es gibt noch einen ganz wichtigen Punkt anzusprechen: Eric Berne warnte immer wieder davor, einem inneren, unbewussten »Dämon« anheim zu fallen, der alles, was man sich so schön aufgebaut hat, zunichte machen könnte.

In diesem Märchen ist die Gefahr zu erkennen, dass das Glückskind möglicherweise eine allzu große Kühnheit an den Tag legt, denn es wähnt sich ja seines Glückes sicher. Geradezu tollkühn klingt seine Aussage: »Die goldenen Haare will ich wohl holen, ich fürchte mich vor dem Teufel nicht.« Es kann gefährlich werden, wenn man das Böse, hier dargestellt im Teufel, unterschätzt. Und in den dreimaligen Aussagen des Helden: »Ich weiß alles« wird eine Haltung von Selbstüberschätzung deutlich, die ebenfalls die Gefahr des Scheiterns in sich birgt. Allzu großer Eifer für eine ungewöhnliche Aufgabe kann den Realitätssinn trüben.

Auch wenn jemand mit einer »Glückshaut« geboren wurde, ein so genanntes Sonntagskind ist, dem das Meiste im Leben auf Anhieb gelingt, heißt dies nicht, dass es immer so bleiben muss. Das Glückskind in diesem Märchen hat wirklich mehr Glück als Verstand gehabt, denn es wurde ihm lediglich voraus gesagt, dass es im vierzehnten Lebensjahr die Königstochter heiraten werde. Von dem, was danach kommt, war nicht die Rede. Ihm ist nicht verkündet worden, dass es mit den drei goldenen Haaren des Teufels sicher aus der Hölle zurückkommen würde. Insofern wäre ein wenig mehr Überlegung und Vorsicht wirklich angebracht gewesen.

Denn zwei starke Kräfte bestimmen den Menschen: die in das Leben hinein drängenden und die das Leben wieder verlassen wollenden. Sigmund Freud nannte sie »Lebenstrieb«, »Libido« und »Todestrieb«, »Destrudo«. Mit beiden Kräften sollten wir bewusst umgehen, denn alles, was unbewusst verläuft, entzieht sich unserer Kontrolle und Steuerung. Leider handeln viele Menschen selbst-destruktiv, weil sie sich nicht genügend mögen. Ein Glückskind, das so überzeugt ist, dass bei ihm nichts schief geht, bringt wahrscheinlich wenig echtes Gefühl und Verständnis für seine ureigenen Bedürfnisse auf und kann sich selbst nicht so nahe sein, dass es auf sein Wohlergehen genügend achtet.

Im alten Griechenland verstand man unter dem »Daimon« eine inspirierende Kraft. Hier ist sie symbolisiert in den drei goldenen Haaren des Teufels, denn Haare entspringen dem Kopf, der Zentrum des Geistigen ist.

Wenn wir in dem Wort »Daimon« aber den »Dämon« sehen, dann bedeutet es zwar die gleiche Kraft, doch eine, die zerstörerisch wirkt.

In diesem Märchen ist sehr schön beschrieben, wie aus dem »Dämon« der »Daimon« wird: Die Ellermutter, die alte Weise, verwandelt das Glückskind in eine unscheinbare kleine Ameise, die sie in ihren Rockfalten versteckt. Wir können dies verstehen als die Bereitschaft des Menschen, sich den starken und auch gefährlichen dämonischen Kräften bescheiden, demütig und arbeits-, bzw. lernwillig zu nähern, sie nicht direkt anzugehen, sondern sich im Kleinen zu üben und sich klug zurück zu halten. Doch das Wichtigste bei diesem Prozess, der schließlich eine höhere Bewusstheit ermöglicht, ist die absolute Wachheit, die volle Aufmerksamkeit. Diese brachte dem Glückskind das endliche Glück. Indem es in den Rockfalten der Ellermutter achtsam auf das hörte, was der Teufel über den versiegenden Brunnen, den verdorrenden Apfelbaum und den verdrossenen Fährmann sagte, wurde ihm die Inspiration zuteil, die es erfolgreich, glücklich und gesund zu seiner Liebsten heimkehren ließ.

Anders gesagt: Die größte Stärke, die wir haben – in diesem Fall: Vertrauen und Mut – kann zur größten Schwäche werden – hier: Überheblichkeit und Tollkühnheit – und wenn wir meinen, irgendwo eine Schwäche zu spüren, kann insgeheim gerade in ihr eine große Stärke liegen. Das heißt, uns allen stehen verschiedene Kräfte zur Verfügung, doch müssen wir darauf achten, wie und in welcher Art und Weise wir sie für uns in Anspruch nehmen, damit sie uns dienen. Wir können mit diesen Energien etwas Gutes für uns und andere tun, wir können darauf achten, dass sie unser Leben bereichern und nicht schmälern. So werden wir mit ihrer Hilfe letztendlich zum »Gewinner«. In dieser Geschichte heißt die Lösung, die zum Erfolg führt: Überlegung – das zeigt die Ellermutter, indem sie das Glückskind in eine Ameise verwandelt und in ihren Rockfalten versteckt – sowie Achtsamkeit und Wachheit.

Für das eigene Leben heißt gewinnen: sich ganz individuell, ganz einzigartig, als die und der sie und er gemeint ist, zu entwickeln, alles, was an Begabungen angelegt ist, heraus zu holen, zu fördern und schließlich mit sich selbst und der Welt in Einklang und Frieden zu sein.

Um dies zu erreichen, lohnt es sich bestimmt, das Thema und das »Drehbuch« des eigenen Lebens kennen zu lernen, sich also dazu die Geschichten anzuschauen, die uns auf unserem bisherigen Lebensweg begleitet haben.

Ich wünsche Ihnen für diese spannende Suche viel Neugierde und viel Freude.

Der Teufel
mit den drei goldenen Haaren

Es war einmal eine arme Frau, die gebar ein Söhnlein, und weil es eine Glückshaut um hatte, als es zur Welt kam, so ward ihm geweissagt, es werde im vierzehnten Jahr die Tochter des Königs zur Frau haben. Es trug sich zu, dass der König bald darauf ins Dorf kam, und niemand wusste, dass es der König war, und als er die Leute fragte, was es Neues gäbe, so antworteten sie: »Es ist in diesen Tagen ein Kind mit einer Glückshaut geboren: was so einer unternimmt, das schlägt ihm zum Glück aus. Es ist ihm auch vorausgesagt in seinem vierzehnten Jahre solle er die Tochter des Königs zur Frau haben.« Der König, der ein böses Herz hatte und über die Weissagung sich ärgerte, ging zu den Eltern, tat ganz freundlich und sagte: »Ihr armen Leute, überlasst mir euer Kind, ich will es versorgen.« Anfangs weigerten sie sich; da aber der fremde Mann schweres Geld dafür bot und sie dachten: Es ist ein Glückskind, es muss doch zu seinem Besten ausschlagen, so willigten sie endlich ein und gaben ihm das Kind.

Der König legte es in eine Schachtel und ritt damit weiter, bis er zu einem tiefen Wasser kam; da warf er die Schachtel hinein und dachte: Von dem unerwarteten Freier habe ich meiner Tochter geholfen. Die Schachtel aber ging nicht unter, sondern schwamm wie ein Schiffchen, und es drang auch kein Tröpfchen Wasser hinein. So schwamm sie bis zwei Meilen von des Königs Hauptstadt, wo eine Mühle war, an deren Wehr sie hängenblieb. Ein Mahlbursche, der glücklicherweise dastand und sie bemerkte, zog sie mit einem Haken heran und meinte große Schätze zu finden, als er sie aber aufmachte, lag ein schöner Knabe darin, der ganz frisch und munter war. Er brachte ihn zu den Müllersleuten, und weil diese keine Kinder hatten, freuten sie sich und sprachen: »*Gott hat es uns beschert.*« *Sie pflegten den Findling wohl, und er wuchs in allen Tugenden heran.*

Es trug sich zu, dass der König einmal bei einem Gewitter in die Mühle trat und die Müllersleute fragte, ob der große Junge ihr Sohn wäre. »*Nein*«*, antworteten sie,* »*es ist ein Findling, er ist vor vierzehn Jahren in einer Schachtel ans Wehr geschwommen, und der Mahlbursche hat ihn aus dem Wasser gezogen.*« *Da merkte der König, dass es niemand anders als das Glückskind war, das er ins Wasser geworfen hatte, und sprach:* »*Ihr guten Leute, könnte der Junge nicht einen Brief an die Frau Königin bringen, ich will ihm zwei Goldstücke zum Lohn geben?*« – »*Wie der Herr König gebietet*«*, antworteten die Leute und hießen den Jungen sich bereithalten. Da schrieb der König einen Brief an die Königin, worin stand:* »*Sobald der Knabe mit diesem Schreiben angelangt ist, soll er getötet und begraben werden, und das alles soll geschehen sein, ehe ich zurückkomme.*«

Der Knabe machte sich mit diesem Briefe auf den Weg, verirrte sich aber und kam abends in einen großen Wald. In der Dunkelheit sah er ein kleines Licht, ging darauf zu und gelangte zu einem Häuschen. Als er hineintrat, saß eine alte Frau beim Feuer ganz allein. Sie erschrak, als sie den Knaben erblickte, und sprach: »*Wo kommst du her und wo willst du hin?*« – »*Ich komme von der Mühle*«*, antwortete er,* »*und will zur Frau Königin, der ich einen Brief bringen soll: weil ich mich aber in dem Walde verirrt habe, so wollte ich gerne hier übernachten.*« – »*Du armer Junge*«*, sprach die Frau,* »*du bist in ein Räuberhaus geraten, und wenn sie heimkommen, so bringen sie dich um.*« – »*Mag kommen, wer will*«*, sagte der Junge,* »*ich fürchte* *mich nicht: ich bin aber so müde, dass ich nicht weiter kann«, streckte sich auf eine Bank und schlief ein. Bald hernach kamen die Räuber und fragten zornig, was da für ein fremder Knabe läge. »Ach«, sagte die Alte, »es ist ein unschuldiges Kind, es hat sich im Walde verirrt, und ich habe ihn aus Barmherzigkeit aufgenommen: er soll einen Brief an die Frau Königin bringen.« Die Räuber erbrachen den Brief und lasen ihn, und es stand darin, dass der Knabe sogleich, wie er ankäme, sollte ums Leben gebracht werden. Da empfanden die hartherzigen Räuber Mitleid, und der Anführer zerriss den Brief und schrieb einen anderen, und es stand darin, sowie der Knabe ankäme, sollte er sogleich mit der Königstochter vermählt werden. Sie ließen ihn dann ruhig bis zum anderen Morgen auf der Bank liegen, und als er aufgewacht war, gaben sie ihm den Brief und zeigten ihm den rechten Weg. Die Königin aber, als sie den Brief empfangen und gelesen hatte, tat, wie darin stand, hieß ein prächtiges Hochzeitsfest anstellen, und die Königstochter ward mit dem Glückskind vermählt; und da der Jüngling schön und freundlich war, so lebte sie vergnügt und zufrieden mit ihm.*

 Nach einiger Zeit kam der König wieder in sein Schloss und sah, dass die Weissagung erfüllt und das Glückskind mit seiner Tochter vermählt war. »Wie ist das zugegangen?« sprach er, »ich habe in meinem Brief einen ganz anderen Befehl erteilt.« Da reichte ihm die Königin den Brief und sagte, er möchte selbst sehen, was darin stände. Der König las den Brief und merkte wohl, dass er mit einem anderen war vertauscht worden. Er fragte den Jüngling, wie es mit dem anvertrauten Brief zugegangen wäre, warum er einen anderen dafür gebracht hatte. »Ich weiß von nichts«, antwortete er, »er muss mir in der Nacht vertauscht worden sein, als ich im Walde geschlafen habe.« Voll Zorn sprach der König: »So leicht soll es dir nicht werden; wer meine Tochter haben will, der muss mir aus der Hölle drei goldene Haare von dem Haupte des Teufels holen; bringst du mir, was ich verlange, so sollst du meine Tochter behalten.« Damit hoffte der König, ihn auf immer los zu werden. Das Glückskind aber antwortete: »*Die goldenen Haare will ich wohl holen, ich fürchte mich vor dem Teufel nicht.*« Darauf nahm er Abschied und begann seine Wanderschaft.

Der Weg führte ihn zu einer großen Stadt, wo ihn der Wächter an dem Tore ausfragte, was für ein Gewerbe er verstände und was er wüsste. »*Ich weiß alles*«, antwortete das Glückskind. »*So kannst du uns einen Gefallen tun*«, sagte der Wächter, »*wenn du uns sagst, warum unser Marktbrunnen, aus dem sonst Wein quoll, trocken geworden ist und nicht einmal mehr Wasser gibt.*« – »*Das sollt ihr erfahren*«, antwortete er, »*wartet nur, bis ich wiederkomme.*« Da ging er weiter und kam vor eine andere Stadt, da fragte der Torwächter wiederum, was für ein Gewerbe er verstände und was er wüsste. »*Ich weiß alles*«, antwortete er. »*So kannst du uns einen Gefallen tun und uns sagen, warum ein Baum in unserer Stadt, der sonst goldene Äpfel trug, jetzt nicht einmal Blätter hervortreibt.*« – »*Das sollt ihr erfahren*«, antwortete er, »*wartet nur, bis ich wiederkomme.*« Da ging er weiter und kam an ein großes Wasser, über das er hinüber musste. Der Fährmann fragte ihn, was er für ein Gewerbe verstände und was er wüsste. »*Ich weiß alles*«, antwortete er. »*So kannst du mir einen Gefallen tun*«, sprach der Fährmann, »*und mir sagen, warum ich immer hin und her fahren muss und niemals abgelöst werde.*« – »*Das sollst du erfahren*«, antwortete er, »*warte nur, bis ich wiederkomme.*«

Als er über das Wasser hinüber war, so fand er den Eingang zur Hölle. Es war schwarz und rußig darin, und der Teufel war nicht zu Haus, aber seine Ellermutter saß da in einem breiten Sorgenstuhl. »*Was willst du?*« sprach sie zu *ihm, sah aber gar nicht so böse aus. »Ich wollte gerne drei goldene Haare von des Teufels Kopf«, antwortete er, »sonst kann ich meine Frau nicht behalten.« – »Das ist viel verlangt«, sagte sie, »wenn der Teufel heimkommt und findet dich, so geht dir's an den Kragen; aber du dauerst mich, ich will sehen, ob ich dir helfen kann.« Sie verwandelte ihn in eine Ameise und sprach:»»Kriech in meine Rockfalten, da bist du sicher.« – »Ja«, antwortete er, »das ist schon gut, aber drei Dinge möchte ich gerne noch wissen, warum ein Brunnen, aus dem sonst Wein quoll, trocken geworden ist, jetzt nicht einmal mehr Wasser gibt; warum ein Baum, der sonst goldene Äpfel trug, nicht einmal mehr Laub treibt, und warum ein Fährmann immer herüber und hinüber fahren muss und nicht abgelöst wird.« – »Das sind schwere Fragen«, antwortete sie, »aber habe dich nur still und ruhig, und hab Acht, was der Teufel spricht, wann ich ihm die drei goldenen Haare ausziehe.«*

   Als der Abend einbrach, kam der Teufel nach Haus. Kaum war er eingetreten, so merkte er, dass die Luft nicht rein war. »Ich rieche, rieche Menschenfleisch«, sagte er, »es ist hier nicht richtig.« Dann guckte er in alle Ecken und suchte, konnte aber nichts finden. Die Ellermutter schalt ihn aus, »eben ist erst gekehrt«, sprach sie, »und alles in Ordnung gebracht, nun wirfst du mir's wieder durcheinander; immer hast du Menschenfleisch in der Nase! Setze dich nieder und iss dein Abendbrot.« Als er gegessen und getrunken hatte, war er müde, legte der Ellermutter seinen Kopf in den Schoß und sagte, sie sollte ihn ein wenig lausen. Es dauerte nicht lange, so schlummerte er ein, blies und schnarchte. Da fasste die Alte ein goldenes Haar, riss es aus und legte es neben sich. »Autsch!«, schrie der Teufel, »was hast du vor?« – »Ich habe einen schweren Traum gehabt«, antwortete die Ellermutter, »da hab ich dir in die Haare gefasst« – »Was hat dir denn geträumt?«

fragte der Teufel. »*Mir hat geträumt, ein Marktbrunnen, aus dem sonst Wein quoll, sei versiegt, und es habe nicht einmal Wasser daraus quellen wollen, was ist wohl schuld daran?*« – »*He, wenn sie's wüssten!*« *antwortete der Teufel,* »*es sitzt eine Kröte unter einem Stein im Brunnen; wenn sie die töten, so wird der Wein schon wieder fließen.*« *Die Ellermutter lauste ihn wieder, bis er einschlief und schnarchte, dass die Fenster zitterten. Da riss sie ihm das zweite Haar aus.* »*Hu! was machst du?*« *schrie der Teufel zornig.* »*Nimm's nicht übel*«*, antwortete sie,* »*ich habe es im Traume getan.*« – »*Was hat dir wieder geträumt?*« *fragte er.* »*Mir hat geträumt, in einem Königreiche stände ein Obstbaum, der hätte sonst goldene Äpfel getragen und wollte jetzt nicht einmal Laub treiben. Was war wohl die Ursache davon?*« – »*He, wenn sie's wüssten!*« *antwortete der Teufel,* »*an der Wurzel nagt eine Maus; wenn sie die töten, so wird er schon wieder goldene Äpfel tragen, nagt sie aber noch länger, so verdorrt der Baum gänzlich. Aber lass mich mit deinen Träumen in Ruhe; wenn du mich noch einmal im Schlafe störst, so kriegst du eine Ohrfeige.*« *Die Ellermutter sprach ihm gut zu und lauste ihn wieder, bis er eingeschlafen war und schnarchte. Da fasste sie das dritte goldene Haar und riss es ihm aus. Der Teufel fuhr in die Höhe, schrie und wollte übel mit ihr wirtschaften, aber sie besänftigte ihn nochmals und sprach:* »*Wer kann für böse Träume!*« – »*Was hat dir denn geträumt?*« *fragte er und war doch neugierig.* »*Mir hat von einem Fährmann geträumt, der sich beklagte, dass er immer hin und her fahren müsste und nicht abgelöst würde. Was ist wohl schuld?*« – »*He, der Dummbart!*« *antwortete der Teufel,* »*wenn einer kommt und will überfahren, so muss er ihm die Stange in die Hand geben, dann muss der andere überfahren, und er ist frei.*« *Da die Ellermutter ihm die drei goldenen Haare ausgerissen hatte und die drei Fragen beantwortet* *waren, so ließ sie den alten Drachen in Ruhe, und er schlief, bis der Tag anbrach.*

Als der Teufel wieder fortgezogen war, holte die Alte die Ameise aus der Rockfalte und gab dem Glückskind die menschliche Gestalt zurück. »*Da hast du die drei goldenen Haare*«, *sprach sie,* »*was der Teufel zu deinen drei Fragen gesagt hat, wirst du wohl gehört haben.*« – »*Ja*«, *antwortete er,* »*ich habe es gehört und will's wohl behalten.*« – »*So ist dir geholfen*«, *sagte sie,* »*und nun kannst du deiner Wege ziehen.*« *Er bedankte sich bei der Alten für die Hilfe in der Not, verließ die Hölle und war vergnügt, dass ihm alles so wohl geglückt war. Als er zu dem Fährmann kam, sollte er ihm die versprochene Antwort geben.* »*Fahr mich erst hinüber*«, *sprach das Glückskind,* »*so will ich dir sagen, wie du erlöst wirst*«, *und als er auf dem jenseitigen Ufer angelangt war, gab er ihm des Teufels Rat:* »*Wenn wieder einer kommt und will übergefahren sein, so gib ihm nur die Stange in die Hand.*« *Er ging weiter und kam zu der Stadt, worin der unfruchtbare Baum stand und wo der Wächter auch Antwort haben wollte. Da sagte er ihm, wie er vom Teufel gehört hatte:* »*Tötet die Maus, die an seiner Wurzel nagt, so wird er wieder goldene Äpfel tragen.*« *Da dankte ihm der Wächter und gab ihm zur Belohnung zwei mit Gold beladene Esel, die mussten ihm nachfolgen. Zuletzt kam er zu der Stadt, deren Brunnen versiegt war. Da sprach er zu dem Wächter, wie der Teufel gesprochen hatte:* »*Es sitzt eine Kröte im Brunnen unter einem Stein, die müsst ihr aufsuchen und töten, so wird er wieder reichlich Wein geben.*« *Der Wächter dankte und gab ihm ebenfalls zwei mit Gold beladene Esel.*

Endlich langte das Glückskind daheim bei seiner Frau an, die sich herzlich freute, als sie ihn wiedersah und hörte, wie wohl ihm alles gelungen war. Dem König brachte er, was er verlangt hatte, die drei goldenen Haare des Teufels, und als dieser die vier Esel mit dem Golde sah, ward er ganz vergnügt und sprach: »*Nun sind alle Bedingungen erfüllt, und du kannst meine Tochter behalten. Aber, lieber Schwiegersohn, sage mir doch, woher ist das viele Gold? Das sind ja gewaltige Schätze!*« *–* »*Ich bin über einen Fluss gefahren*«*, antwortete er,* »*und da habe ich es mitgenommen, es liegt dort statt des Sandes am Ufer.*« *–* »*Kann ich mir auch davon holen?*« *sprach der König und war ganz begierig.* »*Soviel Ihr nur wollt*«*, antwortete er,* »*es ist ein Fährmann auf dem Fluss, von dem lasst Euch überfahren, so könnt Ihr drüben Eure Säcke füllen.*« *Der habsüchtige König machte sich in aller Eile auf den Weg, und als er zu dem Fluss kam, so winkte er dem Fährmann, der sollte ihn übersetzen. Der Fährmann kam und hieß ihn einsteigen, und als sie an das jenseitige Ufer kamen, gab er ihm die Ruderstange in die Hand und sprang davon. Der König aber musste von nun an fahren zur Strafe für seine Sünden.*

  »*Fährt er wohl noch?*« *–* »*Was denn? Es wird ihm niemand die Stange abgenommen haben.*«

Vom Vertrauen in das eigene Schicksal

Daimon

Wie an dem Tag, der dich der Welt verliehen,
Die Sonne stand zum Gruße der Planeten,
Bist alsobald und fort und fort gediehen
Nach dem Gesetz, wonach du angetreten.
So musst du sein, dir kannst du nicht entfliehen,
So sagten schon Sibyllen, so Propheten;
und keine Zeit und keine Macht zerstückelt
Geprägte Form, die lebend sich entwickelt.

J. W. Goethe, Urworte, orphisch

In einer Zeit, in der man sagt, dass jeder seines eigenen Glückes Schmied ist, tun wir uns schwer mit dem Begriff des Schicksals und mit dem Erleben von Schicksal. Schicksal, unser Geschick, etwas, das uns geschickt oder mitgegeben ist, gibt es das wirklich? Und von wem geschickt?

Auch wenn diese Fragen wohl nie sicher zu beantworten sind, wenn unser Schicksal und unser Geschick letztlich ein großes Geheimnis bleiben, haben wir doch ein Gefühl für Schicksal, vielleicht sogar Angst vor ihm. Erfährt man Lebensgeschichten, staunt man immer wieder über ein ganz bestimmtes Schicksal, das sich in diesem Leben abzeichnet. »Werde der du bist« ist eine Aufforderung, die seit Pindar an uns ergeht und die jeden einzelnen immer wieder fasziniert: Leben als Möglichkeit, der zu werden, der man ist. Leben als Anspruch, der zu werden, der man ist.

Diesem »Werde der du bist« versucht man sich in Therapien unter dem Namen Individuationsprozess anzunähern. Aber jeder auf sich selbst auch nur etwas aufmerksame Mensch wird von sich aus versuchen, der zu werden, der er ist. Er wird mit der Zeit herausbekommen, was wirklich zu ihm gehört, das heißt unterscheiden, was für ihn gültig ist, für ihn stimmt, und was er nur als von außen aufgezwungen erlebt: Moden, die letztlich nicht mit seinem Wesen übereinstimmen, Ansprüche aus seiner ganzen Lebenszeit, die nicht zu ihm passen. Vatersätze, Muttersätze, Lehrersätze, Psychologensätze und so weiter, die zwar zunächst fraglos hingenommen worden sind, sich aber dann doch als nicht »stimmig« mit den eigenen Gefühlen, mit der eigenen Lebensauffassung erweisen, verlieren dann ihren wegweisenden Charakter. Wie oft setzen sich Menschen großen Schwierigkeiten aus, ertragen sogar politische Verfolgungen, weil sie überzeugt davon sind, dass das, was sie verfechten, wichtig ist und unbedingt zu ihnen gehört, also auch die Schwierigkeiten, denen sie sich aussetzen. Andererseits hat man gerade auch in der therapeutischen Arbeit oft das Gefühl, dass sich Menschen Schwierigkeiten einhandeln, die eher zufällig sind, die sie auch nicht weiterbringen auf ihrem Weg: Schwierigkeiten etwa, die sich daraus ergeben, dass man einer Auseinandersetzung aus dem Weg geht und immer wieder neue Ausreden erfinden muss, um diesen Zustand aufrechterhalten zu können, die also dadurch entstehen, dass man den Gang des Lebens aufhalten will.

Es scheint Schwierigkeiten, Krisen, Verhaltensweisen und Freuden zu geben, die zu uns gehören, für uns typisch sind, und solche, die wir eher als ich-fremd ansehen und als Zeichen dafür, dass wir »nicht ganz bei uns« sind, sondern ganz bestimmte Aufgaben, die wir mit unserem Leben verbinden, verfehlen.

Schicksal, »Werde der du bist«, die uns bestimmten Lebensaufgaben – das sind Ausdrücke, die einander ersetzen können. Sie weisen alle darauf hin, dass mit jedem Menschenleben auch ein ganz besonderes Geschick verbunden ist, das sich nicht einfach bei der Geburt zeigt, sondern das sich im Laufe des Lebens ausfalten muss. Dieses Geschick kann man auch immer wieder verfehlen, aber gerade die Verfehlungen sind das Wesentlichste an diesem Selbstwerden; sie bringen uns überhaupt darauf, was denn unser Geschick sein könnte.

In unserem Umgehen mit den Verirrungen zeigt sich langsam unser ganz besonderer Weg. Ein Schicksal, eine bestimmte Lebensaufgabe zu erfüllen zu haben, auf die hin gelebtes Leben immer transparenter wird, die sich immer deutlicher zeigt, je mehr Leben gelebt wird, das ist eine Auffassung von Menschsein, die unserem Leben einen unmittelbaren Sinn gibt. Diese Auffassung gibt jedem einzelnen eine ihm zugehörige spezielle Bedeutung neben der kollektiven Bedeutung, die wir natürlich alle haben, indem wir die menschliche Gattung fortpflanzen, Kinder aufziehen und so weiter.

Von einem Knaben, der ein sehr spezielles Schicksal hat, handelt das Märchen vom Teufel mit den drei goldenen Haaren. Das erstaunt den nicht, der Märchen kennt: Märchenhelden und Märchenheldinnen haben immer ein besonderes Schicksal, oder anders ausgedrückt: Dadurch, dass man aus einem Leben eine Geschichte macht, bekommt es seine besondere Bedeutung. Die Bedeutung, die ein Schicksal hat, liegt für den Einzelnen zunächst im wesentlichen darin, welche Bedeutung er seinem Schicksal *gibt*, und dementsprechend, mit welchem Ernst er sich darum bemüht, dieses Schicksal dann auch zu leben. Wir sind gewohnt, nur dann von Schicksal zu sprechen, wenn es auch von außen »groß« erscheint – in welcher Weise auch immer. Aber wissen wir denn so gut, welches Schicksal groß ist, welches nicht? Unser Märchen will aber nicht nur lehren, dass wir ein Schicksal haben, sondern will uns auch zeigen, dass das

Vertrauen auf das Schicksal den Märchenhelden dazu bringt, größte Schwierigkeiten zu überwinden, größte Bedrohungen zu überstehen.

Der Märchenheld unseres Märchens hat es – vordergründig besehen – vielleicht etwas leichter, auf sein Schicksal zu vertrauen, da er ein Glückskind ist. Ihm ist geweissagt, dass alles, was er unternimmt, zu seinem Glück führen muss. Schaut man dann allerdings seinen Lebensweg an, dann wird deutlich, dass ihn diese Weissagung nicht vor den Bedrohungen, die das Leben kennt, schützt. Und so kann man sich natürlich fragen, ob denn *der* einfach Vertrauen ins Leben hat, der eine gute Weissagung hat, der eine Mutter hat, die ihm ermöglicht, Urvertrauen aufzubauen, oder ob vielleicht nicht einfach die Tatsache, dass wir unsere Geburt lebend überstanden haben, schon heißt, dass wir fürs Leben gemeint sind. Vertrauen kann man bekanntlich nicht fordern, zu vertrauen beinhaltet auch immer ein Risiko: Wenn ich alles wüsste, sicher wäre, dann müsste ich nicht vertrauen.

Die Märchen zeigen immer wieder, dass es sich lohnt, das Risiko auf sich zu nehmen, weil das Aufsichnehmen des Risikos bewirkt, dass unser Leben lebendiger wird, dass Aspekte, die zu uns gehören und durch Sicherungstendenzen ausgegrenzt werden, integriert werden können. Leben ist Risiko – und letztlich bleibt uns gar nichts anderes übrig, wenn wir lebendig leben wollen, als in dieses Risiko einzuwilligen, immer wieder, im Rahmen unserer Möglichkeiten, uns auf das Leben einzulassen und auf das Schicksal zu vertrauen.

Wenn wir dieses Märchen auf uns wirken lassen, treten uns der Knabe mit der Glückshaut und der König als große Gegenspieler entgegen. Das Glückskind, das sich so vertrauensvoll dem Leben stellt und dem letztlich auch das zum Guten ausschlägt, was es eigentlich verderben müsste, und der König, der keine Erneuerung zulassen möchte, am alten hängt und dafür eine ungesättigte Gier mit sich herumträgt, stehen sich gegenüber. Je mehr dem Knaben mit der Glückshaut gelingt, umso böser wird der König, umso mehr Hindernisse stellt er ihm in den Weg und erreicht damit gerade, dass das Glückskind unbeirrbar tut, was zu tun ist, und es ihm auch glückt.

In den beiden sind zwei extreme Möglichkeiten menschlichen Verhaltens dargestellt: Das Glückskind weiß um das Glücken, weiß um sein gutes Schicksal; der König muss ängstlich an dem festhalten, was er einmal erreicht hat, er kann sich nicht tragen lassen vom Flusse des Lebens und verliert letztlich alles.

In beiden Gestalten zeigt sich menschliches Verhalten, das wir alle kennen: Im Konflikt der beiden ist ein Konflikt ausgedrückt, den wir oft nicht nur zwischen uns und der Außenwelt erleben, sondern auch als Spannung zwischen zwei Strebungen in der eigenen Brust.

Die Glückshaut

Es war einmal eine arme Frau, die gebar ein Söhnlein, und weil es eine Glückshaut um hatte, als es zur Welt kam, so ward ihm geweissagt, es werde im vierzehnten Jahr die Tochter des Königs zur Frau haben.

Das Märchen sagt klar, dass das Glückskind eine Glückshaut um hatte, als es geboren wurde, und meint: Was so einer unternimmt, das schlägt ihm zum Glück aus. Außerdem soll das Glückskind die Königstochter heiraten, wenn es vierzehn Jahre alt ist. Für armer Leute Kind ist das wohl das größte Glück, das man sich vorstellen kann.

Es wird damit auch ausgedrückt, dass der künftige König einer ist, dem alles zu seinem Glück ausschlagen muss. Und wenn dem König alles glücken muss, dann wird auch dem Volk alles glücken; denn was dem König geschieht, geschieht auch dem Volk. Mit dieser Weissagung ist also auch eine große Hoffnung auf eine bessere Zukunft verbunden. Das Glückskind wird ein neues Modell für menschliches Leben und Verhalten sein, an dem man sich orientieren kann. Es wird eine Wandlung bringen, die ersehnt wird.

Von einer Glückshaube oder, nach dem Handwörterbuch des deutschen Aberglaubens[1], moderner von einer Glückshaut spricht man dann, wenn die Eihaut, die das Kind umhüllt und die normalerweise im Laufe des Geburtsvorganges abgestreift wird, nachdem die Fruchtblase aufgegangen ist, erst in letzter Minute gesprengt wird und dann – wie ein Häubchen – auf dem Kopf des Neugeborenen liegt. Sie muss dann vom Gesicht abgestreift werden, damit das Kind atmen kann.

Diese Abweichung vom üblichen Geburtsverlauf kommt nur selten vor und ist daher natürlich deutungswürdig auf das zukünftige Schicksal dieses Kindes hin. Wenn ein Kind schon mit einer Besonderheit in dieses Leben geboren wird, dann wird es auch ein besonderes Schicksal haben, dann hat es eine besondere Bedeutung.

Nach isländischem Volksglauben wird die Lebenskraft, die in der Glückshaube steckt, zu einem guten Geist, der das Kind durchs ganze Leben begleitet.[2] Diese Glückshaut oder die Glückshaube wird immer mit Lebenskraft in Zusammenhang gebracht; sie bringt nicht nur Glück für den Träger der Glückshaube, sie kann auch gestohlen und als Glückszauber für andere Kinder verwendet werden. Aus den Farben der Glückshaube kann die besondere Art des Glücks, unter ganz bestimmten Umständen auch Unglück herausgelesen werden. Nach dem Handwörterbuch des deutschen Aberglaubens wird ein Glückskind nicht nur reich oder berühmt; ist ihm das Schicksal günstig, gelingt ihm einfach alles, es kann auch »geistersichtig« werden.[3]

Wenn die Glückshaut als guter Geist gedeutet werden kann, dann meint Geistersichtigkeit, dass das Kind der Welt, aus der die Glückshaube kommt, immer noch verbunden bleibt; es gehört weiter einer geheimnisvollen Seite des Lebens an, einer Seite, die »sieht«, auch wenn die Augen nicht sehen. So ein Mensch sieht mehr, bleibt ausdrücklich Bürger zweier Welten – und hat einen Auftrag, daher ein Schicksal.

Symbolisch müsste in dieser Glückshaut, in dieser Eihaut, das Umhüllende des nährenden, bewahrenden Mütterlichen gesehen werden, die Begabung mit einer Kraft aus der mütterlichen Geborgenheit heraus. Das Kind wäre dann ein Leben lang von einem guten mütterlichen Geist begleitet, und das dürfte dazu führen, dass es immer einen Platz hat in dieser Welt und im Vertrauen auf sein Glück sich eben mutig dem Leben stellt und immer durchkommt. Es wird in einer glücklichen Haut leben, könnte man sagen, wenn wir diese Glückshaube so verstehen.

Ebenso wichtig wie die Glückshaut selbst ist auch die Bedeutung, die die Umgebung dieser Glückshaut gibt: Ein Kind bekommt durch seine Glückshaube sofort eine noch größere Bedeutung, als es als Neugeborenes ohnehin hat. Zu einem Zeitpunkt, in dem alles offen ist, in einem Moment des Anfangs und des einschneidenden Übergangs, wo wir uns ja immer fragen, was denn ein Kind in dieser Welt erleben wird, was auch wir mit dem Kind erleben werden, weiß man, dass dieses Kind Glück haben wird. Nicht ängstlich braucht man sich also im voraus zu fragen, was geschehen wird, nicht überfürsorglich muss man das Kind einengen und schützen. Man weiß: Es wird Glück haben, fraglos. Es wird eine große Bedeutung haben.

Ein solcher Empfang auf der Welt dürfte Einfluss auf das Wohlbefinden des Kindes haben, da wird es nicht mit geheimen Sorgen empfangen, sondern mit positiven Erwartungen und größter Freude bedacht. Ein Kind, das so empfangen wird, müsste nach den Ergebnissen der Psychologie zu einem Menschen werden, der sich vertraut, der den Menschen vertraut, der dem Schicksal vertraut, ein Mensch, der sich auf seine Kräfte verlassen kann und daher gelassen und mutig das angehen kann, was Not tut. Es müsste ein Mensch mit einem gesunden Selbstbewusstsein werden.

Dieses gesunde Selbstbewusstsein zeigt denn auch unser Glückskind im Märchen. »Mag kommen, was will, ich fürchte mich nicht; ich bin aber so müde, dass ich nicht weiter kann«, sagt er auf die Ankündigung der alten Frau, dass er in einem Räuberhaus gelandet ist. Und er schläft ein – Zeichen großen Vertrauens ins Schicksal, das schon gut sein wird.

Auch den Gang zum Teufel tritt der Held erstaunlich gelassen an: Er fürchtet auch ihn nicht. Ist er so naiv oder eben so sehr davon überzeugt, dass ihm nichts Böses geschehen kann? Er kennt nicht nur keine Furcht, er weiß auch alles. Auf die Frage, was er denn gelernt habe, sagt er: »Ich weiß alles.« Was soll er da denn noch lernen! Wenn wir nicht wüssten, dass er ein Glückskind ist, würden wir ihn überheblich schelten, ihm Größenphantasterei bescheinigen und ihn auf ein normales menschliches Maß zurückschneiden wollen. Aber als Glückskind darf er dieses Selbstvertrauen haben, wir fordern es geradezu von ihm – bloß darf er dann nicht scheitern.

Würde er scheitern, dann würden wir ihm ungesunden Narzissmus vorwerfen. Da er nicht scheitert, dürfen wir von gesundem Narzissmus sprechen. Von einem gesunden Vertrauen zu sich und seinen Möglichkeiten, von einem gesunden Vertrauen ins Schicksal, das eben damit verbunden ist, dass er zum Glück ausersehen ist, weil er bei seiner Geburt eine Glückshaube trug.

Auch hat ihn offenbar niemand gelehrt, dass sich selbst entwertende Bescheidenheit wertvoller sei als das Bewusstsein, ein gutes, daher aber auch ein besonderes Schicksal zu erfüllen zu haben, und sich diesem Schicksal auch zu stellen. Entwerten wir uns womöglich – angeblich um dem Ideal der Bescheidenheit zu entsprechen –, damit wir nicht unser Schicksal auf uns nehmen müssen, weil wir dazu zu schwach sind?

Und dieses Schicksal ist ja nicht einfach. Anstelle von Mäßigung, anstelle von Relativierung des eigenen Selbstwerts wird in dem Glückskind das Bewusstsein, dass es ein besonderes Schicksal hat und dieses auch zu tragen haben wird, gefördert. Mit diesem Schicksal ist aber eine Erneuerung des Lebens überhaupt verbunden, sind die Hoffnungen vieler Menschen verknüpft.

Schon jede normale Geburt ist in sich eine Erneuerung des Lebens und damit Ausdruck dafür, dass im Leben immer wieder eine schöpferische Erneuerung, ein Neuansatz möglich ist, der in sich noch einmal alle menschlichen Möglichkeiten birgt und von uns daher mit Recht als »Wunder« betrachtet wird. Das gibt Grund zur Hoffnung. Dieses Gefühl der Hoffnung ist bei einem Kind mit einer Besonderheit noch stärker betont. Nun wissen wir aber auch, dass wir leicht versucht sind, einem Kind etwas Besonderes bei seiner Geburt zuzuschreiben: Da ist einer oder eine ein Sonntagskind, also auch ein Glückskind; man kann aber auch sonst unter einem guten Stern geboren werden, oder der kleine Erdenbürger hat durch ein Gähnen schon angekündigt, dass er etwas Besonderes werden wird. Nicht nur die Sorge um das Neugeborene lässt uns alle positiven Zeichen suchen, die auf eine gute Zukunft hinweisen, auch nicht nur unser Wunsch, dass dieses Leben glücken wird, sondern vor allem unser Bedürfnis, die Geburt, diesen Neuanfang als Symbol einer guten Zukunft, als Symbol für eine neue Hoffnung zu verstehen. Es geht dabei auch um *unser* Vertrauen ins Leben, um die bange Frage, ob denn die Sehnsucht nach dem Neuen, nach Entwicklung, nach einem besseren Leben berechtigt ist. Diese Fragen entstehen bereits aus der Spannung, wie sie zwischen dem Leben des Glückskinds und dem Leben des Königs im Märchen dargestellt wird, der Spannung zwischen dem Neuen und dem Alten.

Nicht selten deuten wir allerdings die Zeichen, die wir wahrnehmen, auf eigene unerfüllte Lebensmöglichkeiten hin: Das Kind soll etwas erfüllen, was uns nicht geglückt ist. Nicht das Schicksal des Kindes steht dann bei unseren Phantasien im Vordergrund, sondern unser Schicksal. Hier die Phantasien, die dem Schicksal des Kindes verbunden sind, von den Phantasien zu trennen, die unseren Wünschen um unser Leben entsprechen, ist sicher nicht möglich.

Die Frage stellt sich später: Darf das Kind seinen Weg gehen, darf es *sein* Schicksal erfüllen, *der* werden, der es ist, oder soll es die Wünsche der Eltern erfüllen – hier stellvertretend durch den König dargestellt, der allerdings ein Vater wäre, der seinen Sohn gar nicht leben lassen will. In abgeschwächter Form erleben wir das alle: Unseren eigenen Weg finden wir in der Auseinandersetzung mit den Wünschen von Vater und Mutter, von Vätern und Müttern, von der Umwelt als ganzer. Und oft benimmt sich die Umwelt nicht so, wie es für unser Schicksal vordergründig gesehen günstig wäre. Aber gerade durch die Auseinandersetzung mit ihr wird uns deutlich, was unser Schicksal von uns will.

Das Märchen lässt uns nicht im unklaren über das Glücken: Dem Glückskind wird alles gelingen. Man darf also Hoffnungen mit ihm verbinden, ohne Angst haben zu müssen, dass man enttäuscht sein wird. In engem Zusammenhang mit diesem Glücken steht das Auserwähltsein dieses Kindes für ein ganz besonderes Schicksal. Vielleicht ist ja gerade das das Glück: von Anfang an zu wissen, dass man ein besonderes Schicksal hat. Dann aber müssten wir uns doch fragen: Sind wir denn nicht alle Glückskinder? Ein besonderes Schicksal haben wir doch alle, wenn wir es zu erfassen vermögen, wenn unsere Eltern uns bei der Geburt – und später – ein solches zugestanden haben, wenn wir es uns selbst zugestehen. Haben wir vielleicht alle eine Glückshaut – und merken es bloß nicht?

Dieses besondere Schicksal zu haben bedingt im Märchen auch, dass das Glückskind alles, was ihm begegnet, annimmt, vor nichts flieht, jedes Neue als das nimmt, was wesentlich ist – und das beileibe nicht in Situationen, die einfach zu bewältigen wären. Es ist bei diesem Glückskind keine Rede davon, dass es sich ein anderes Schicksal sucht; es stellt sich fraglos seinem Schicksal. Vielleicht ist gerade dieses Annehmen des Schicksals im Vertrauen auf das gute Schicksal Ausdruck dafür, dass dieses Kind eben ein Glückskind ist.

Wir haben manchmal Schwierigkeiten, unser Schicksal anzunehmen. Wie oft hört man etwa: Ja, wenn ich andere Eltern gehabt hätte! Oder: Wenn ich in einer anderen Zeit aufgewachsen wäre! Neidisch schauen wir auf das Leben eines anderen Menschen und stellen uns vor, sein Schicksal wäre einfacher zu tragen. Solange wir aber nicht in der Haut eines anderen Menschen stecken, können wir unmöglich wissen, ob er wirklich in einer besseren Haut steckt und was sein Schicksal von ihm will. In der Sehnsucht, ein anderer zu sein, wird deutlich, dass man das eigene Schicksal ablehnt. Das könnte darauf aufmerksam machen, dass man sich mit seinem eigenen Schicksal versöhnen und sich nicht immer vormachen sollte, dass alles zu verändern sei. Vieles wandelt sich im menschlichen Leben, auch Schweres kann getragen werden, besonders dann, wenn wir es als unser Schicksal erkennen. Wenn wir zu uns stehen können, so wie wir sind, wenn wir das, was ist, annehmen, dann können wir unser Leben wirklich verändern, wird unser Leben wirklich reicher. Der Weg dahin ist weit, aber vielleicht das Geheimnis eines glücklichen Lebens. Dann können wir uns in Begegnungen mit anderen Menschen und der Welt immer weiter wandeln.

Und vergessen wir nicht die ganz besondere Prophezeiung im Märchen: Nicht nur dem Glückskind allein wird ein geglückter Lebensweg vorhergesagt, es wird auch der neue König werden. Es wird eine neue Lebenshaltung in die Welt bringen. Es ist zu etwas ganz Besonderem auserwählt, es hat einen Auftrag von einer geheimnisvollen Macht.

Noch deutlicher ausgedrückt wird das in einem russischen Märchen zum gleichen Thema: »Marko der Reiche«[4]. In diesem Märchen haben sich der Herrgott und der Nikolaus unerkannt zu dem reichsten Manne begeben und werden von ihm als Bettler behandelt. In der Nacht kommt ein Bote und sagt dem Herrgott, in einem Dorf in der Nähe habe eine Frau ein Kind geboren. »Mit welchem Glück, Herr, willst du es begnaden?« – »Mit Markos des Reichen Vermögen«, sagt der Herrgott. Auf vielen Umwegen bekommt dieses Glückskind die Tochter des Markos zur Frau und sein Vermögen dazu. Hier ist es also der Herrgott persönlich, der diesem Kind ein Glück zudenkt, dieses Glück bestimmt dann aber auch den Lebensweg.

Die erste Weissagung ist also getan, die Erwartung in etwas ganz Besonderes geweckt. Wir wissen, dass die liebende Erwartung in einen Menschen, wenn sie nicht bloß unseren Wünschen, sondern einer objektiven Phantasie entspricht, also das Wesen des Menschen, von dem wir etwas erwarten, zutiefst erkennt, beim anderen sehr viel in Bewegung setzen kann. Wir wissen aber auch, dass eine Phantasie, die nur unseren eigenen Wünschen entspricht und das Wesen und die Eigenheit des Kindes weitgehend außer acht lässt, zu einer schweren Lebensbelastung werden kann.

Ich erinnere mich in diesem Zusammenhang an einen jungen Mann, bei dessen Geburt seine besonders hohe Stirn auffiel. Diese hohe Stirn wurde von den Eltern als Hinweis dafür genommen, dass ihr Kind besonders intellektuell begabt sein werde. Es wurde dementsprechend schon in sehr jungen Jahren gefördert mit dem Ergebnis, dass es eine große Abneigung gegen alles entwickelte, was mit Lernen und Intellekt zu tun hatte. Erst mit zwanzig Jahren wagte der junge Mann, nachdem er verschiedene Privatschulen durchlaufen hatte und ein von Selbstzweifeln geprägter, grübelnder, depressiver Mensch geworden war, seinen Wunsch durchzusetzen, Koch zu werden. Seine Eltern waren sehr enttäuscht, er hingegen hatte zum ersten Mal das Gefühl, nicht weniger begabt zu sein als andere Menschen.

Aber es genügt nicht, dass einer bloß mit einer Glückshaut auf die Welt gekommen ist, um ihm seine besondere Berufung schon zu glauben. Diese Weissagung wird nun geprüft, immer wieder wird im Märchen an der harten Realität gemessen, ob es mit diesem Kind wirklich etwas Besonderes auf sich hat. Oder anders gesehen: An den harten Herausforderungen muss sich das Besondere zeigen.

Der König ärgert sich über die Weissagung

Es trug sich zu, dass der König bald darauf ins Dorf kam, und niemand wusste, dass es der König war) und als er die Leute fragte, was es Neues gäbe, so antworteten sie: »Es ist in diesen Tagen ein Kind mit einer Glückshaut geboren: was so einer unternimmt, das schlägt ihm zum Glück aus. Es ist ihm auch vorausgesagt in seinem vierzehnten Jahre solle er die Tochter des Königs zur Frau haben.«

Der König, der ein böses Herz hatte und über die Weissagung sich ärgerte, ging zu den Eltern, tat ganz freundlich und sagte: »Ihr armen Leute, überlasst mir euer Kind, ich will es versorgen.«

Kaum ist dieses Kind da, dem so viel Glück verheißen wird, erscheint bereits der Neider, erscheint der König mit dem bösen Herzen. Er will keinen Nebenbuhler, der mehr Glück haben wird als er, er will kein Glückskind, das ihn einmal ablösen wird.

Das neugeborene Kind wird vom König als Konkurrent erlebt, er fühlt sich bedroht; ihm wird wohl bewusst, dass die Zeit seines Regierens einmal vorbei sein wird, dass auch er abgelöst werden wird. Das ist eine Erkenntnis, die wir alle beim Heranwachsen einer nächsten Generation haben: dass die Jüngeren auch die neuen Lebensträger sind, dass wir einen Teil unserer Wichtigkeit einbüßen werden, dass unsere Wichtigkeit relativiert wird, aber auch, dass die Phase des Alterns kommen wird, des Sich-Zurückziehens. Das erfüllt uns mit Trauer, bringt uns aber üblicherweise nicht dazu, mit

Todeswünschen gegen die neue Generation vorzugehen, wohl aber, unsere Position noch einmal zu formulieren, der jungen Generation auch etwas Widerstand zu geben, an dem sie dann wachsen kann. Dieses Widerstand-Leisten ist aber selten edlen Motiven verpflichtet; es ist ein Widerstand, der die eigene Position so lange wie möglich sichern soll. Diese Abwehrhaltung nehmen wir meistens erst dann ein, wenn die junge Generation wirklich anfängt, im Leben Platz zu nehmen. Unser König indessen sieht schon früh, welche Probleme ihm so ein Glückskind bringen kann, er denkt wohl auch, es sei besser, den Anfängen zu wehren, und reagiert entschlossen. Der König im Märchen gleicht Herodes, der, als er hörte, dass Jesus, der neue König der Juden, geboren sei, sehr erschrak und alles unternahm, um dieses Kind zu beseitigen. Er zögerte nicht, alle jungen Kinder töten zu lassen. Auch Herodes muss um seine Herrschaft gefürchtet und außerdem geahnt haben, dass mit Jesus eine ungeheure Veränderung in das Leben und in die jüdische Kultur einbrechen werde. Die Angst vor den Kräften, die in einem Kind stecken, die Angst vor der Umwälzung, die von einem Kind ausgehen kann, das unter einer solchen Prophezeiung steht, macht den eingesessenen König zu einem Gewalttäter.

Aber es gehört auch mit zur Prophezeiung, dass diese Reaktion geahnt wird – in der Bibel hat Joseph einen Traum, in dem ihm Gott befiehlt, mit dem bedrohten Kind nach Ägypten zu fliehen, das Glückskind im Märchen hat eine Schachtel, die es schützt. Indem der König das Glückskind umbringen will, zeigt er, worin das »böse Herz«, das ihm das Märchen zuschreibt, besteht: Er kann niemanden neben sich gelten lassen, er kann niemandem ein Glück gönnen; er kann seine eigene Wichtigkeit nicht relativieren. Er stellt sich gegen den Gang des Lebens, das dem Rhythmus von Aufgehen und Niedergehen folgt. Die Szene ist vergleichbar jenen Lebenssituationen, wo eine neue Idee, eine neue

Einstellung geboren wird, große Hoffnungen damit verbunden werden, und dann »ein alter König«, also einer, der das Sagen hat und die Werte seiner Zeit mitgeprägt hat, dieses Neue nicht akzeptieren kann, dieses Neue sogleich bekämpft. (Manchmal werden ja auch neue schöpferische Ideen, die einem eingesessenen Wirtschaftszweig schaden, dafür aber vielleicht die Lebensqualität verbessern und neue Wirtschaftszweige schaffen könnten, aufgekauft von denen, die noch das Sagen haben und die fürchten, ihre Macht zu verlieren.)

Wir kennen die Spannung Glückskind – König aber auch als einen Streit der Lebensgefühle in uns: Da keimt etwas Neues auf, da wird etwas Neues in uns geboren, das uns mit einer großen Hoffnung erfüllt. Wir haben auch unsere eingeschliffenen Verhaltensmechanismen, vertreten unsere alten Werte und sind gar nicht so schnell bereit, uns wirklich auf das Neue einzustellen und alle Veränderungen auf uns zu nehmen, die erforderlich sind für diese Wandlung. Das Hochgefühl, das Gefühl der Belebung, das mit einer neuen Hoffnung verbunden ist, verebbt angesichts der Risiken, die wir auf uns nehmen müssten, um dem Neuen Platz zu geben. Etwas resigniert zieht man sich dann wieder auf altes Verhalten zurück und sagt sich, so schlecht sei es doch auch nicht. Damit habe man doch lange auch ganz gut und sicher gelebt und die Probleme gelöst...

Der alte König will keine Wandlung zulassen, er will nicht, dass sich etwas verändert, er will den Fortgang des Lebens aufhalten. Und mit dem Neuen ist ja immer ein Risiko verbunden: Wir wissen nie ganz genau. Deshalb ängstigt uns das Neue, aber es fasziniert uns natürlich auch.

Ein Beispiel zu diesem Problem: Ein Mann um die Vierzig litt unter Depressionen. In der Psychotherapie wurde ihm klar, dass er auf einem Lebensweg war, der ihn wenig befriedigte. Eigentlich wollte er ursprünglich in einem künstlerischen Beruf etwas schaffen, hatte auch erste Erfolge und galt als begabt. Sein Vater wollte ihm aber seine Firma übergeben, und so studierte er Wirtschaftswissenschaften und machte eine Karriere – nicht in Vaters Betrieb, der ihm bereits viel zu klein war. Er forderte sehr viel von sich, war ehrgeizig und hatte Erfolg. Aber er fühlte sich depressiv, besonders dann, wenn er nicht arbeiten konnte. Er stürzte sich geradezu in Arbeit und machte sich Arbeit, wenn er keine hatte, um nicht diese Gefühle der Leere und der Sinnlosigkeit ertragen zu müssen.

Er lernte in der Therapie, auf seine Träume zu hören, schlief mehr, um auch zu träumen, nahm sich Zeit, die Träume auf sich wirken zu lassen, und begann, sie zu malen. Dabei wurde seine Sehnsucht nach einer künstlerischen Betätigung sehr groß. Jetzt war er in der Situation, dass etwas Neues in ihm aufgebrochen war. Er fühlte sich wieder lebendig, hatte Hoffnung für sein Leben, phantasierte seine Künstlerlaufbahn und tat doch nichts dazu. Er bewältigte das gleiche Arbeitspensum wie zuvor, in kürzerer Zeit, um auch noch Zeit für seine künstlerische Tätigkeit zu haben. Als ihm in dieser Phase eine Stelle angeboten wurde, die ihm wesentlich mehr Verantwortung bringen sollte, fühlte er sich in die Enge getrieben: Er wollte beides, sagte sich auch, dass seine Karriere recht überschaubar sei, seine künstlerische Laufbahn aber großes Vertrauen ins Schicksal erfordere, dass er erst dann sich darauf einlassen könne, wenn er wirklich Anzeichen habe, dass er auch genug könne, verkrachte Künstlerexistenzen gebe es doch genug. Als er diesen Entschluss gefasst hatte, der alte König also wieder einmal gesiegt hatte, da wurde er wieder sehr depressiv und zerstörerisch in seinen Beziehungen. Statt den verantwortungsvolleren Posten zu übernehmen, nahm er nun eine Stelle an, bei der er Teilzeitarbeit machen konnte, und begann, ernsthaft künstlerisch zu arbeiten.

Die Eltern verkaufen das Kind

Anfangs weigerten sie sich; da aber der fremde Mann schweres Geld dafür bot und sie dachten: Es ist ein Glückskind, es muss doch zu seinem Besten ausschlagen, so willigten sie endlich ein und gaben ihm das Kind.

Mit dem Argument, dass einem Glückskind alles glücken müsse, beginnt hier die Überforderung des Glückskindes: Die Eltern geben das Kind weg, spüren nicht, dass der König Übles im Sinne hat. Das Kind wird also keineswegs zunächst beschützt und erst dann in die Auseinandersetzung mit dem König geschickt; es muss gleich zeigen, dass es dem König »gewachsen« ist.

Nun mag bei diesem Kindsverkauf mitspielen, dass das Märchen diesen Helden als einen ganz besonderen Helden herausstellen will, dass dieses Glückskind durch viele Bedrohungen gehen muss, damit das Glück auch erhärtet wird.

Verstehen wir dieses Glückskind aber auch als ein Kind, das in einem guten Sinne etwas Besonderes ist, das auch einen positiven Narzissmus lebt, dann wird eine psychologische Konsequenz sichtbar: Solchen Kindern traut man ungeheuer viel zu. Und vielleicht erreichen sie auch viel, weil man ihnen soviel zutraut. Die Eltern vertrauen mehr auf den Schutz des geweissagten Schicksals als auf ihren eigenen Schutz, den sie dem Kind geben könnten. Damit sagen sie aus, dass das Kind einem größeren Lebensgesetz unterstellt und eben nicht nur ihr Kind ist. Und so mutet mich diese Stelle doppelt an: Mich fasziniert die Konsequenz, mit der diese Eltern in ihrem Handeln den Glauben an die besondere Weissagung belegen, mich erschreckt die Gefühllosigkeit, mit der sie das Kind verkaufen und die persönliche Bindung so ganz und gar außer acht lassen. Die Gefühle, die sie dabei haben, spielen anscheinend kaum eine Rolle. Da der Handel sich recht lange hinzieht, kann man allerdings daraus schließen, dass es ihnen doch schwerfiel, das Kind wegzugeben.

Auch diese Eltern erweisen sich also als Bewohner des Reiches dieses Königs, der so hart und unbeugsam ist. Wenn wir bedenken, wie schwerwiegend Trennungen von ihren Bezugspersonen sich auf das Leben dieser Kinder auswirken, wie schwer es auch fällt, ein so kleines Kind wegzugeben, dann mutet uns dieser Verkauf doch brutal an – und als Psychologe wundert man sich, dass dieses Kind sich dann doch so gut entwickelt. Aber es ist eben ein besonderes Kind; es überlebt, was andere umbringen würde.

Unter dem Vorwand, für das Kind sorgen zu wollen, hat der König das Kind bekommen. Seine Absicht aber ist, das Kind umzubringen. Sich selber täuscht er dann vor, dass etwas Gutes getan hat, indem er seine Tochter von einem unerwünschten Freier befreit hat. Er lässt dem Kind keine Gelegenheit, zu wachsen und sich zu zeigen, um dann zu entscheiden, ob es erwünscht oder unerwünscht ist, er weiss das schon jetzt. Deutlich wird hier auch, dass der König von Glückskindern nichts weiß; er kennt diesen Aspekt des Lebens nicht, sonst müsste er doch wissen, dass ein Glückskind so einfach nicht zu verderben ist.

Der König nimmt den Kampf mit dem Schicksal auf: Er will stärker sein als das Schicksal dieses Kindes, er will zum Schicksal dieses Kindes werden. Die Frage ist denn auch, welches Schicksal das stärkere ist: das geweissagte Schicksal, das mit dem mütterlichen Bereich in Beziehung steht, oder das Schicksal, das der König eigenwillig spielen will.

Gilt »ein Gesetz, nach dem man angetreten« ist oder wird

das Gesetz allein auf dem künftigen Lebensweg gemacht? Der König personifiziert die herrschende Bewusstseinseinstellung, die herrschende Überzeugung, die kein Schicksal anerkennen will, die nicht wahrhaben will, dass unser Leben eine besondere Bedeutung haben kann, sondern die Idee vertritt, dass menschliches Handeln stärker ist als alles Schicksalsmäßige. Diese Meinung drückt sich etwa darin aus, dass Umwelteinfluss und Erziehung allein für Glück oder Unglück eines Kindes verantwortlich gemacht werden, Vererbung und Schicksal als zu vernachlässigende Größen gelten. Damit bekommen Umwelt und Erziehung eine noch viel größere Macht, als sie in der Tat ja meistens auch haben.

Versteht man den König aber als einen Persönlichkeitsaspekt des Glücksknaben selber – man kann jede Figur im Märchen, analog der Traumdeutung auf der Subjektstufe, auch als Persönlichkeitszug des Märchenhelden sehen –, dann wäre im König eine Vaterfigur abgebildet. Gerade weil das Kind im Märchen einen schwachen persönlichen Vater hat, der sich auch nicht für es einsetzt, aber doch vorhanden sein muss, weil ja zu Beginn die Eltern beratschlagen, ob sie den Knaben dem König geben wollen, wird der »Landesvater« bedeutsam. Das ist eine Gesetzmäßigkeit: Ist der persönliche Vater schwach, dann werden »kollektive Väter«, Lehrer, Autoritäten, Gott, aber auch Systeme, die den Willen der Väter ausdrücken, seine Stelle zu einem Teil einnehmen und den Menschen mehr beeinflussen, als sie es ohnehin immer schon tun.

Dass das Glückskind diesem König so sehr ausgeliefert ist, könnte man auch so verstehen, dass es einen dominierenden negativen Vaterkomplex hat, der sich destruktiv auswirken würde, wenn nicht ein positiver Mutterkomplex diesem Kind und später auch dem jungen Mann sehr viel Grundsicherheit und Kraft verliehe. Da der Vaterkomplex sein Problem ist, kann er an allem, was von diesem Vater verdorben worden ist, eine Änderung bewirken dadurch, dass er sein Schicksal auf sich nimmt. Menschen, die einen positiven Mutterkomplex und einen negativen Vaterkomplex haben, sind besonders anfällig für alles Väterliche, aber auch besonders kritisch ihm gegenüber; sie sehen zum Beispiel sehr leicht die Problematik eines patriarchalen Systems, leiden darunter, haben aber auch die Hoffnung und den Schwung, daran etwas verändern zu können.

Das Motiv von dem ausgesetzten Kind in der Schachtel

Der König legte es in eine Schachtel und ritt damit weiter, bis er zu einem tiefen Wasser kam; da warf er die Schachtel hinein und dachte: Von dem unerwarteten Freier habe ich meiner Tochter geholfen. Die Schachtel aber ging nicht unter, sondern schwamm wie ein Schiffchen, und es drang auch kein Tröpfchen Wasser hinein. So schwamm sie bis zwei Meilen von des Königs Hauptstadt, wo eine Mühle war, an deren Wehr sie hängenblieb. Ein Mahlbursche, der glücklicherweise dastand und sie bemerkte, zog sie mit einem Haken heran und meinte große Schätze zu finden, als er sie aber aufmachte, lag ein schöner Knabe darin, der ganz frisch und munter war. Er brachte ihn zu den Müllersleuten und weil diese keine Kinder hatten, freuten sie sich und sprachen: »Gott hat es uns beschert« Sie pflegten den Findling wohl, und er wuchs in allen Tugenden heran.

Wurde das Kind zunächst von den Eltern getrennt, dann wird es jetzt auch noch vom König ausgesetzt: Es wird verlassen, ausgestoßen in große Einsamkeit hinein. Es wird dem Schicksal überlassen. Die Absicht ist klar: Das Kind soll getötet werden. Indem die Schachtel, die wohl als Sarg gedacht ist, dem Fluss übergeben wird, kommt die Geschichte dieses Kindes erst so richtig in Schwung. Nicht als Sarg erweist sich die Schachtel, sondern als Schutz; das ausgesetzte, einsame Kind schwimmt darin fast wie im Mutterleib. Vom Wasser wird es zur Mühle geschwemmt; und der Mahlbursche erwartet »große Schätze« in der Schachtel zu finden – schon wieder wird das Glückskind mit großer Erwartung bedacht und auch mit Freude empfangen. Die Müllersleute deuten das Auftauchen dieses Knaben als Gabe Gottes, sie fühlen sich mit diesem »frischen und munteren« Knaben reich beschenkt. Fast ist es, als wäre dieser Knabe noch einmal geboren worden, jedenfalls ist die Bedrohung durch den Tod überwunden.

Dieses Kind überlebt Trennungen. Selbst die Trennung von der Mutter kann ihm letztlich nichts anhaben, ihm bleibt ein überpersönlicher Schutz.

Dass dieses Ankommen in der Mühle auch als Motiv der Auferstehung gesehen werden kann, wie es Lüthi[5] sieht, legt das russische Märchen vom reichen Marko nahe. Da wird der Knabe von Marko in eisiger Kälte ausgesetzt. Als zwei Kaufleute, durch das Weinen des Säuglings angezogen, ihn finden, liegt der Säugling mitten im Schnee, um ihn herum aber ist Gras gewachsen und blühen Blumen. Lüthi sieht darin das Symbol der Auferstehung und deutet, dass nur der, welcher mit dem Tod in Berührung kommt, im tiefsten Sinne Mensch werden kann.

Wir könnten in diesem Bild auch eine weitere Beschreibung des Glückskindes sehen: Ein Glückskind bringt es fertig, noch in der bedrohtesten Situation etwas zum Blühen zu bringen, ja die Bedrohung geradezu zu nützen, um dagegen anzublühen. Ähnlich in unserem Märchen: Das Glückskind wird in der Schachtel nicht einmal nass vom Wasser des Flusses, es bleibt unberührt von äußeren Gewalten.

Wir kennen das Motiv von dem ausgesetzten Kind in der Schachtel oder dem Binsenkörblein aus der Mosesgeschichte, aber auch aus vielen Märchen. Es geht bei diesem Motiv immer darum, dass das Kind sterben soll, dadurch aber an den Ort gelangt, wo es in Ruhe aufwachsen kann, um sich nachher mit dem auseinanderzusetzen, der sein Verderben gewollt hat. Mythologisch spielen hier zwei Züge mit, die das »göttliche Kind« auszeichnen[6], wobei das göttliche Kind das Kind ist, das das Leben grundsätzlich verändert. Dieses göttliche Kind ist immer bedroht, und es hat zwei Elternpaare, menschliche und göttliche – hier von Gott gesuchte.

Damit ist ausgedrückt, dass dieses Kind beiden Welten angehört: der göttlichen und der menschlichen, oder dass in diesem Kind die göttliche und die menschliche Welt zusammenkommen, dass hier jemand geboren wurde, der wirklich das Göttliche ins Leben inkarnieren kann und damit das Leben grundlegend verändert.

Man kann in dieser wunderbaren Schachtel, die keinen Tropfen Wasser durchlässt, auch das Wirken der Glückshaut sehen: Wenn diese Glückshaut wie ein immer bei dem Kind bleibender mütterlicher Schutz ist, in den sich ein Kind zurückziehen kann, wenn es bedroht wird, dann ist diese Aussetzung eine erste Situation, in der sich dieser Schutz bewährt. Ein Zurückziehen auf sich selbst, ein Geborgensein in sich selbst ist möglich, ja sogar ein Hinübergleiten in eine neue Lebenssituation, die den Bedürfnissen angepasst ist. Darin steckt ein großer Trost: Wie ausgesetzt ein Mensch auch sein mag – im Motiv des Kindes ist ja auch die Hilflosigkeit des Kindes und damit des Menschen mitgemeint –, es gibt immer auch etwas Tragendes, das uns nicht nur fort-, sondern sogar weiterträgt.

Fassen wir dieses Kind symbolisch als eine Möglichkeit der Erneuerung des Lebens auf, dann wird diese Veränderung zwar zunächst bachabgeschickt, ist aber keineswegs gestorben, sondern eigentlich schon ein erstes Mal auferstanden. Dann kann man, aus der Perspektive des Königs, zwar zunächst aufatmen; die Gefahr, sich wandeln zu müssen, ist gebannt, auch die Gefahr, dass plötzlich andere Werte gelten und dass andere wichtiger werden als man selbst. Aber das Neue ist nicht so leicht umzubringen. Es wächst dann still und friedlich dort heran, wo der König nicht ist: in der Mühle.

So wachsen neue Geistesströmungen heran, so wachsen schon neue Lebenseinstellungen in uns selbst, während wir noch krampfhaft an den alten festhalten und das Neue aus den Augen verloren haben.

In der Mühle aber wird gemahlen und gemahlen.

Die vertauschten Briefe

Es trug sich zu, dass der König einmal bei einem Gewitter in die Mühle trat und die Müllersleute fragte, ob der große Junge ihr Sohn wäre. »*Nein*«, *antworteten sie,* »*es ist ein Findling, er ist vor vierzehn Jahren in einer Schachtel ans Wehr geschwommen, und der Mahlbursche hat ihn aus dem Wasser gezogen.*« *Da merkte der König, dass es niemand anders als das Glückskind war, das er ins Wasser geworfen hatte, und sprach:* »*Ihr guten Leute, könnte der Junge nicht einen Brief an die Frau Königin bringen, ich will ihm zwei Goldstücke zum Lohn geben?*« – »*Wie der Herr König gebietet*«, *antworteten die Leute und hießen den Jungen sich bereithalten. Da schrieb der König einen Brief an die Königin, worin stand:* »*Sobald der Knabe mit diesem Schreiben angelangt ist, soll er getötet und begraben werden, und das alles soll geschehen sein, ehe ich zurückkomme.*«

Der Knabe machte sich mit diesem Briefe auf den Weg, verirrte sich aber und kam abends in einen großen Wald. In der Dunkelheit sah er ein kleines Licht, ging darauf zu und gelangte zu einem Häuschen. Als er hineintrat, saß eine alte Frau beim Feuer ganz allein. Sie erschrak, als sie den Knaben erblickte, und sprach: »*Wo kommst du her und wo willst du hin?*« – »*Ich komme von der Mühle*«, *antwortete er,* »*und will zur Frau Königin, der ich einen Brief bringen soll: weil ich mich aber in dem Walde verirrt habe, so wollte ich gerne hier übernachten.*« – »*Du armer Junge*«, *sprach die Frau,* »*du bist in ein Räuberhaus geraten, und wenn sie heimkommen, so bringen sie dich um.« – »Mag kommen, wer will«, sagte der Junge, »ich fürchte mich nicht: ich bin aber so müde, dass ich nicht weiter kann«, streckte sich auf eine Bank und schlief ein. Bald hernach kamen die Räuber und fragten zornig, was da für ein fremder Knabe läge. »Ach«, sagte die Alte, »es ist ein unschuldiges Kind, es hat sich im Walde verirrt, und ich habe ihn aus Barmherzigkeit aufgenommen: er soll einen Brief an die Frau Königin bringen.« Die Räuber erbrachen den Brief und lasen ihn, und es stand darin, da der Knabe sogleich, wie er ankäme, sollte ums Leben gebracht werden. Da empfanden die hartherzigen Räuber Mitleid, und der Anführer zerriss den Brief und schrieb einen anderen, und es stand darin, sowie der Knabe ankäme, sollte er sogleich mit der Königstochter vermählt werden. Sie ließen ihn dann ruhig bis zum anderen Morgen auf der Bank liegen, und als er aufgewacht war, gaben sie ihm den Brief und zeigten ihm den rechten Weg.*

Zufällig gerät der König in die Mühle, als der Junge, der Findling, vierzehn Jahre alt ist. Jetzt ist wohl die Zeit gekommen, dass sich dieser Junge weiter mit dem König auseinander setzen muss, damit sich sein Schicksal erfüllt. Der König ist nicht von seinem Plan abzubringen, diesen Jungen zu töten, macht es aber doch nie eigenhändig. So schickt er den Knaben in den Lebensbereich der Königin und seiner Tochter, ermöglicht also geradezu die Erfüllung der Prophezeiung, indem er sie verhindern will. Ist vielleicht der König innerlich doch auch nicht ganz so ablehnend dieser Erneuerung gegenüber, wie er sich gibt? Spürt er vielleicht, dass etwas Neues kommen muss, auch wenn er es noch entschieden ablehnt?

Es ist bemerkenswert, dass der König selbst das Glückskind auf seinen Weg schickt. Dieser Aufbruch aus der Mühle ist ein sehr wesentlicher Moment im Leben des Glückskindes: Jetzt muss der junge Mann zeigen, dass er das Versprechen, das in seinem Leben und in seiner Geburt liegt, erfüllen kann und die Hoffnungen, die auf ihm ruhen, auch berechtigt sind.

Zunächst aber bleibt die Bedrohung durch den Tod. Ob der König weiß, dass der Knabe unter die Räuber fallen wird? Im Wald sind Räuber. Sie haben sich wohl dorthin zurückgezogen, um aus dem Verborgenen heraus ihre Raubzüge machen zu können. In den Räubern kann man das Prinzip Gier sehen, das uns schon am König aufgefallen ist und das uns noch beschäftigen wird. Räuber wollen haben, ohne lange dafür zu arbeiten. An die Stelle der Arbeit tritt eine listige oder brutale Auseinandersetzung mit der Situation, die sie so zu beeinflussen versuchen, dass sie einen großen Gewinn davontragen. Diese List ist mit Aggression und Destruktion verbunden.

Die aggressiven Kräfte haben sich also in den Wald zurückgezogen, von da aus überfallen sie dann immer wieder einmal das Land. Die Räuber im Walde zeigen, wie aussichtslos die Lebenssituation in diesem Königreich, unter der Dominanz dieses gierigen, sich nicht wandeln wollenden Königs ist: Die aggressiven Kräfte, die für Veränderung sorgen könnten, ziehen sich zurück und werden destruktiv. Sie sind verborgen, nicht gut auszumachen, außer an ihren Übergriffen.

Beziehen wir das Bild auf die Situation eines einzelnen, dann hätten wir im König einen erstarrten Menschen vor uns, der sein Leben nicht mehr schöpferisch verändern will, also auch nicht mehr autonomer werden kann, dessen ganze Energie auf das Erhalten dessen, was ist, ausgerichtet ist. Und das ist bekanntlich ein nutzloses – und meist auch glückloses – Unterfangen. Das ist auch schon fast ein Raub am Leben. Dieser Mensch würde von Zeit zu Zeit von destruktiven Impulsen überfallen, von denen er nicht recht weiß, woher sie kommen. Besonders destruktiv sind solche Leute jungen Menschen gegenüber, die lebendig sind und schöpferisch sein können. Weil sie sich bei ihren Sicherungstendenzen viele lebendige Impulse nicht zugestanden haben, neiden sie den jungen Menschen ihre Möglichkeit zu leben, ihr Potential an Leben.

Die Ähnlichkeit zwischen dem König und den Räubern ist offensichtlich. Dieser König bewirkt nicht nur, dass sich Räuber im Walde aufhalten, dass sich potentiell verändernde Kräfte nicht im öffentlichen Leben bewegen, sondern auch sein eigenes Verhalten gleicht dem der Räuber: Er raubt mit einer List armen Leuten ihr Kind, er versucht, es zu töten. Wundert es uns da, dass die Räuber argwöhnisch werden, als der Knabe bei ihnen auftaucht, und den Brief lesen wollen? (Räuber sind in den Märchen immer erstaunlich gebildet: Sie können sogar lesen! Damit weisen sie sich auch als Wissende aus.)

Das Märchen siedelt die Räuber im Wald an, bei einer alten Frau, die ganz allein ist. Der Wald birgt und verbirgt Leben, Nahrung, Tiere, Geheimnisse des Wachstums der Natur. Er ist Symbol geworden für jene Aspekte unserer Seele, die wir von unserem alltäglichen Leben etwas ausgrenzen, wo aber wild wucherndes Wachstum herrscht, unsere tierischen Seiten sich vergnügen oder sich zerreißen, wo wir lebendig sind, wo wir aber auch immer bedroht sind vom nicht ganz Durchschaubaren.

Hier, in diesem Bereich der großen Mutter als der Herrin der Pflanzen und der Tiere, haben sich die Räuber angesiedelt. Das zeigt auch, dass der Bereich des Weiblichen von Räubern besetzt ist, dass der ganze menschliche Bereich, der der Vitalität, dem Lebendigen, dem Gefühl verbunden ist, nicht konfliktlos mitleben kann.

Der Knabe wurde nicht direkt zu den Räubern geschickt; das Räuberhaus ist ihm ein wichtiger Orientierungspunkt, da er sich im Walde verirrt hat. Er kennt sich noch nicht so gut aus im Wald, er verirrt sich und muss nun die Räuber treffen. Sein Verhalten in dieser Situation beschreibt ihn noch einmal als Glückskind, sagt noch mehr aus über die besondere Art seines Glückes, als wir es bis jetzt erfassen konnten, war er doch bis jetzt noch kein aktiv Handelnder, sondern eben ein Mensch, der in sich ein großes Versprechen ist, das aber erst eingelöst werden muss.

Ohne zu zögern sagt er der alten Frau, die den Herd der Räuber hütet, woher er kommt, wohin er will und dass er sich verirrt hat und hier übernachten möchte. Auf ihre Bemerkung, dass ihn die Räuber umbringen werden – hier zeigen sie sich schon recht teuflisch –, sagt er: »Ich fürchte mich nicht; ich bin aber so müde, dass ich nicht weiter kann«, streckt sich auf eine Bank aus und schläft ein. Er fürchtet sich nicht, weiß auch, was er sich zumuten kann und was nicht mehr – er muss jetzt schlafen, komme was wolle, und schläft auch wirklich ein. Er kann sich offenbar nicht vorstellen, dass man ihm etwas Böses antun könnte. Hat er soviel Vertrauen zu dieser alten Frau, da er ja unter einem Gesetz angetreten ist, in dem das Weibliche sich als schützend für ihn erweisen soll? Hat er soviel Vertrauen ins Schicksal in dem Sinne, dass doch alles so kommt, wie es sein muss? Jedenfalls gehört schon eine große Gelassenheit dazu, in einer Situation, in der man vom Tode bedroht ist, sich voll Vertrauen dem Schlaf hinzugeben. Oder nimmt er diese Todesdrohung vielleicht gar nicht ernst? Vergleichbar der Situation in der Schachtel, in der er den Fluss hinuntergeschwommen ist, überlässt er sich jetzt wieder dem Schlaf, sorgt dafür, dass er zu neuen Kräften kommt, und während er schläft, geschieht das Wesentliche in diesem Räuberhaus: Die Räuber vertauschen den Brief und werden damit zu den Gegenspielern des Königs. Diese abgedrängten Räuber, diese Vertreter der Aggression und damit auch der Veränderung, solidarisieren sich mit dem Glückskind, das eine neue Lebenseinstellung bringen wird.

Es ist auch bei kollektiven Bewusstseinsveränderungen oft so, dass viele der Strömungen, die abgedrängt sind, sich zusammentun mit einer Strömung, die eine Erneuerung zu versprechen scheint. Dadurch bekommen neue Ideen mehr Anhänger und größere Bedeutung, sind aber immer auch mit Schattenelementen durchsetzt. Das gibt den alten Königen jeweils wieder das Recht, diese neuen Strömungen zu verwerfen, weil in ihnen ja nachweislich immer auch zerstörerische Elemente mitbeteiligt sind.

So schlossen sich der Hippie-Bewegung, die eigentlich ein Liebesparadies auf der Welt errichten wollte und die immerhin erreicht hat, dass wir heute doch etwas zärtlicher miteinander umgehen als vor ihrem Auftreten, auch gewalttätige Menschen an oder solche, die die Idee der Hippies nicht teilten (die Verbreitung von Liebe und Zärtlichkeit), es aber schön fanden, zu leben »wie die Lilien auf dem Felde«. Und so wurden die Hippies sehr schnell als faul, verlottert, asozial und als Schmarotzer verurteilt. Den verschiedenen Jugendbewegungen der letzten Jahre, deren Idee ein neuer »Aufbruch« war, auch eine Neubesinnung auf unsere Lebensbedingungen, schlossen sich so viele gewalttätige Menschen an, dass die Initianten selbst sich gegen die Richtung, die ihre Bewegung einschlug, nicht mehr wehren konnten. Dazu kommt, dass die Umwelt natürlich auch destruktiv reagiert auf alles, was nicht ganz überschaubar ist, auf alles, was ängstigt.

Auch intrapsychisch kann etwas Vergleichbares geschehen: Indem der Knabe unter die Räuber gerät, trifft er seine eigenen räuberischen Schattenanteile, mit denen er sich nicht auseinandersetzen kann. Unter »Schatten« versteht man die Persönlichkeitsanteile, die wir von unserem Ideal-Bild her nicht akzeptieren können und daher meistens verdrängen, abspalten, bei anderen Menschen wahrnehmen und uns dort darüber ärgern. Er schläft, aber seine Schattenanteile leben neben ihm her und wenden sich gegen den

Willen des Königs. Seine eigene aggressive Seite wird mobilisiert gegen den Willen des Königs, gegen dieses Dogma, unter dem er steht, mit dem er sich auseinander setzen muss. Die Räuber in ihm, die Seiten, die etwas haben wollen vom Leben, und wenn sie es sich stehlen müssten, sind ja misstrauisch gegenüber dem, was in diesem Brief steht. Und sie rauben das Leben sozusagen zurück, das der König ihm schon absprechen will. Das Gefühl des Nicht-leben-Dürfens wandelt er in einer aggressiven Entschlossenheit um zu einem verbrieften Recht auf Leben und Glück.

Da der Knabe schläft, ist das wohl nicht so sehr als bewusster Akt zu verstehen, sondern als etwas, das in ihm einfach abläuft, worum er sich auch keine besondere Mühe geben muss. Seine »Heldentat«, wenn man hier überhaupt von Heldentat sprechen kann, ist die, dass er die Räuber akzeptiert, dass er vielleicht sogar den Tod akzeptiert als einen Aspekt des Lebens und mit seiner Glückshaut nicht einmal ihn besonders fürchtet. Zudem war er ja schon einmal nahe dem Tode und wurde errettet.

Das Akzeptieren des Todes und damit auch jeder Veränderung, etwas, was ja der König gerade verweigert, könnte ein Aspekt des Glücks des Glückskindes sein: Risiken können viel leichter eingegangen werden, wenn wir mit der Realität des Todes rechnen, der uns eh gewiss ist. Wenn wir den Tod akzeptieren lernen, dann können wir uns ins Leben verwickeln und brauchen nicht ständig alles gegen den Tod abzusichern. Und die Heldentat ist die, dass der Knabe das Risiko auf sich nimmt, zu sterben.

Diesen Schlaf kann man natürlich auch wieder symbolisch als ein Zurückgehen in die Eihaut, als einen Heilschlaf bei der großen Mutter verstehen, in dessen Verlauf dieses ewige Bedrohtsein durch den König zunächst offensichtlich wird. Dann aber wird auch der Kampf in der eigenen Brust aufgenommen zwischen dem Wissen, ausersehen zu sein, und dem Gefühl, doch nicht leben zu dürfen, zwischen der

Treue zum eigenen Schicksal und dem Tun, das der König verlangt (das Dogma, die herrschende Meinung).

In einem Menschenleben wäre dieser Aufenthalt im Walde eine Situation, in der man sich auf sich selbst besinnt und im Kontakt mit der Natur außen und in sich selbst – etwa in Kontakt mit den Träumen – eine neue Sicht der Dinge entwickelt, nachdem man seinen Weg, der direkt zum Ziel führen sollte, verloren hat.

Die Szene mit der Vertauschung der Briefe könnte ein Traum sein – samt der gütigen Frau und den aggressiven Räubern. Wesentlich an dieser Szene ist, dass er sich ihr überlassen kann, dass er darauf vertraut, dass sich eine Lösung ergibt.

Im Walde bei den Räubern ist der Knabe, geborgen (Wald) und beschützt von der guten Mutter (die alte Frau bei den Räubern), in einer Phase, in der in ihm der Wille des Königs seinem Räuberschatten gegenübersteht. Diesen Räuberschatten kann man natürlich als Schatten des Königs betrachten; wir haben ja bereits festgestellt, dass der König sich von den Räubern kaum unterscheidet; ohne es zu wissen, ist er identifiziert mit diesem Räuberschatten. In einem Menschen – symbolisiert durch das Glückskind –, der in einem solchen System lebt und der auf seinem Schicksalsweg dieses kollektive Problem lösen soll, müssen sich König und Räuberschatten differenzieren. Er muss klar erkennen, dass eine kollektive Bewusstseinshaltung, die nichts verändern, die alles behalten will, die das Gesetz der Wandlung zum Neuen nicht kennt, räuberisch ist. Das Räuberische muss gesehen werden als die aggressive Kraft, die gerade gegen dieses Festhalten eingesetzt werden kann. Denn wenn eine Lebenssituation stagniert und destruktiv zu werden droht, ist es hilfreich, die Aggression zu suchen, die die Veränderung will.

Die Räuber vertauschen den Brief und schreiben hinein, dass das Glückskind mit der Königstochter verheiratet werden soll. Die Räuber wissen also um das Schicksal und den Schicksalsspruch. Oder will uns das Märchen mitteilen, dass ein gutes Schicksal sogar dann gut wird, wenn man unter die Räuber fällt?

Wir kennen auch aus anderen Märchen diese vertauschten Briefe. Meistens hat der Teufel die Hand dabei im Spiel (vergleiche »Das Mädchen ohne Hände«). Er sagt etwa, die Frau Königin habe Hunde geboren statt schöne Kinder und dadurch muss dann die Königin auf einen weiten Leidensweg gehen. Ob unsere Räuber vielleicht auch etwas mit dem Teufel zu tun haben?

Die erste Erfüllung des Schicksalsspruchs

Die Königin aber, als sie den Brief empfangen und gelesen hatte, tat, wie darin stand, hieß ein prächtiges Hochzeitsfest anstellen, und die Königstochter ward mit dem Glückskind vermählt; und da der Jüngling schön und freundlich war, so lebte sie vergnügt und zufrieden mit ihm.

Die Räuber zeigen dem Knaben den richtigen Weg. Er heiratet schnellstens. Es ist wohl nicht zufällig, dass die Königin das Hochzeitsfest richtet. Wiederum erweist sich eine weibliche Figur als hilfreich, sie argwöhnt nicht. Allerdings kann man sich auch fragen, ob sie es gewohnt ist, immer so blindlings den Befehlen ihres Mannes zu gehorchen.

Wesentlich ist, dass dieser Jüngling mit der Königstochter zusammengegeben wird und – da er schön und freundlich ist – die beiden auch Freude aneinander haben. Diese Szene, so knapp beschrieben, ist doch von großer Wichtigkeit: Zunächst ist ein Teil des Schicksalsspruchs erfüllt. Der arme Knabe ist mit der Königstochter verbunden, ein neues Modellpaar ist vorhanden, wenn auch noch sehr jung, das in der Zukunft aber die Herrschaft übernehmen kann. In diesem Paar ist eine Verbindung von Mann und Frau entstanden, die hoffentlich fruchtbar werden kann.

Wichtig ist daran auch, dass dieses Glückskind jetzt König werden kann. In seinem Schicksalsspruch und in seinem bisherigen Lebensweg wird deutlich, dass sich das Schicksal, das die Jenseitigen uns geben, auch gegen den Willen der Diesseitigen durchsetzt, dass gerade der Widerstand der Diesseitigen das Jenseitige in uns, das Schicksalhafte, vollends zum Tragen kommen lässt, wenn diese Haltung des Sich-Verlassens auf das gute Schicksal bewahrt werden kann.

Dafür, dass man auf sein Schicksal vertrauen kann, ist dieses Glückskind ein schönes Beispiel. An seinem Leben können alle, die von seiner Geschichte wissen, lernen, auf das eigene Schicksal zu vertrauen.

Die Haltung des Glückskindes dem Leben und dem Schicksal gegenüber wird das Menschenbild und das Bild des Lebens seiner Regierungszeit kennzeichnen und für eine gewisse Zeit zu einem verbreiteten, allgemein gültigen Menschenbild mit der entsprechenden Haltung werden.

Aber der König erweist sich weiterhin als konsequenter Feind der Erneuerung und der Veränderung: »Wer meine Tochter haben will, der muss mir aus der Hölle drei goldene Haare von dem Haupte des Teufels holen...« Noch ist die Verbindung zwischen dem Glückskind und der Königstochter eher ein Versprechen für die Zukunft als eine reale Möglichkeit, diese Beziehung zu leben und mit dieser Beziehung auch eine Modellfunktion zu übernehmen. Der König kommt zurück und mit ihm die Kraft, die das Glückskind zerstören will, die Kraft, die nicht duldet, dass etwas Neues geschieht. Drei goldene Haare des Teufels soll er holen.

Der Weg in die Hölle

Nach einiger Zeit kam der König wieder in sein Schloss und sah, dass die Weissagung erfüllt und das Glückskind mit seiner Tochter vermählt war. »Wie ist das zugegangen?« sprach er, »ich habe in meinem Brief einen ganz anderen Befehl erteilt.« Da reichte ihm die Königin den Brief und sagte, er möchte selbst sehen, was darin stände. Der König las den Brief und merkte wohl, dass er mit einem anderen war vertauscht worden. Er fragte den Jüngling, wie es mit dem anvertrauten Brief zugegangen wäre, warum er einen anderen dafür gebracht hatte. »Ich weiß von nichts«, antwortete er, »er muss mir in der Nacht vertauscht worden sein, als ich im Walde geschlafen habe.« Voll Zorn sprach der König: »So leicht soll es dir nicht werden; wer meine Tochter haben will, der muss mir aus der Hölle drei goldene Haare von dem Haupte des Teufels holen; bringst du mir, was ich verlange, so sollst du meine Tochter behalten.« Damit hoffte der König, ihn auf immer los zu werden.

An sich hätte das Märchen mit der Heirat aufhören können, die Prophezeiung ist erfüllt. Nun wird aber noch ein Märchen angefügt, das einerseits das Glückskindhafte nochmals beleuchtet, andererseits noch stärker hervorhebt, was denn unter der Herrschaft dieses Königs alles fehlt.

Der erste Teil des Märchens wird als Schicksalsmärchen bezeichnet, den zweiten Teil des Märchens kennt man auch als eigenständiges Märchen vom Typus der »Übernatürlichen Aufgaben«. Bei diesem Märchentypus geht es darum, dass ein Sterblicher zu einem Gott geht und sich erkundigt, warum er arm ist oder weshalb gewisse Situationen des Lebens nicht besser gehandhabt werden können. Dadurch, dass er es dann weiß, werden Probleme gelöst, wird er belohnt. Die Erlösung gelingt in diesem Märchen durch Erkenntnis, durch ein Wissen, das auf dem Weg »nach innen« gefunden wird. Einen solchen Weg, dessen Stationen Sinnbilder sind für die Schwierigkeiten in dieser speziellen Lebenssituation, muss der Jüngling gehen.

Wenn seine Glückshaube auch bedeutet, dass er mit den Geistern in Verbindung steht, dadurch auch besonders geschützt ist, dann müsste ihm diese Aufgabe gelingen. Oder anders ausgedrückt: Wenn er durch seine Glückshaut dem bergenden Mütterlichen verbunden bleibt, dann bleibt er damit auch dem Unbewussten mehr verbunden, er ist also jemand, der Probleme lösen kann, die bei der Auseinandersetzung mit der Tiefe auftauchen, denn die Tiefe antwortet ihm ebenso wie sie ihn trägt.

Und wiederum zeigt sich das Glückskind: »Die goldenen Haare will ich wohl holen, ich fürchte mich vor dem Teufel nicht.« Fürchtet er sich wirklich nicht? Jedenfalls gibt er sich sehr entschlossen. Er will die Aufgabe erfüllen, die ihm der König gestellt hat; er ist bereit, das Risiko auf sich zu nehmen.

An sich müsste er jetzt wissen, dass der König sein Verderben will, denn es ist ja geklärt, dass der Brief, der das Glück bewirkt hat, offensichtlich vertauscht war, dass eigentlich nur Unglück bezweckt sein konnte. Will der Jüngling seine Frau um jeden Preis behalten? Will er den König zufriedenstellen? Ist die Dominanz des Vaters noch so stark, dass er einfach gehorchen muss? Oder will er zeigen, wozu er fähig ist? Will er das Glück auch noch verdienen, das ihm so unverdient in den Schoß gefallen ist? Sehen wir in dem Jüngling einen Menschen, der in einer Situation, in der ein alter König so sehr dominiert, doch immer wieder seine Haut rettet, allen Todesgefahren entkommt, letztlich sogar mit einer Prinzessin verheiratet wird, also auch eine neue Balance zwischen männlich und weiblich schafft, dann wäre dieser Weg zur Hölle der Weg, bei dem es nun darum geht, das Problem herauszufinden, das dieser ganzen Lebenssituation zugrunde liegt: das Problem und die Lösung. Wenn schon alles so verteufelt ist, dann müssen auch des Teufels goldene Haare zu finden sein!

Des Teufels goldene Haare

Das Glückskind aber antwortete; »Die goldenen Haare will ich wohl holen, ich fürchte mich vor dem Teufel nicht.« Darauf nahm er Abschied und begann seine Wanderschaft.

Der Weg führte ihn zu einer großen Stadt, wo ihn der Wächter an dem Tore ausfragte, was für ein Gewerbe er verstände und was er wüsste. »Ich weiß alles«, antwortete das Glückskind.

Wir wissen aus den Märchen, dass der Teufel goldene Haare haben kann, und deshalb wundern wir uns nicht mehr so sehr darüber. Dabei ist es ja gerade sehr erstaunlich, dass ausgerechnet der Teufel goldene Haare haben soll.

Das Leuchten des Goldes hat seine Entsprechung im Leuchten von Sonne, Mond und Sternen. Insofern kann im Gold das Hereinholen des Kosmischen ins Erdenleben ausgedrückt sein, das Hereinholen der Transzendenz; gleichzeitig ist es auch Ausdruck für das Hineinreichen des Gold-Trägers in die Transzendenz. Gold ist relativ unzerstörbar, hat dadurch auch einen Aspekt der Dauer, der Ewigkeit. All das hat wohl bewirkt, dass man dem Gold einen hohen Wert zugeschrieben hat und so zeichnet es denn auch den, der mit Gold in Zusammenhang steht, als einen mit »Werten bedachten Menschen« aus. Ein anderer Aspekt des Goldes ist natürlich die Goldgier, das Protzen mit Gold.

Der Zusammenhang mit den Lichtquellen erschließt die

Erkenntnis- und Erleuchtungssymbolik im Gold. Der Held, der mit Gold ausgestattet ist, der etwa goldene Haare hat, muss etwas Besonderes erkennen oder er wird für eine besondere Erleuchtung offen sein. Er wird in Verbindung mit der Transzendenz stehen, mit dem, was über uns hinausgeht und uns entschieden wandelt: Er wird in ganz großen Lebenszusammenhängen stehen und etwas Neues ins Leben hereinholen.[7]

Nun wissen wir, dass der Teufel der gefallene Luzifer ist, insofern immer noch ein Lichtträger oder auch eine Gestalt, die durch eine besondere Erkenntnis ausgestattet ist. Aber mir will dieser Teufel hier nicht so richtig als Teufel imponieren. Mir kommt der König sehr viel teuflischer vor, und mir scheint, es ist sehr genau hinzusehen, was denn in diesem Märchen letztlich verteufelt wird, welche Weisheiten man also gerade von diesem Teufel holen kann. Denn allzuoft verbirgt sich im Verteufelten eben ein Goldkorn – ein Schatz. Ich habe die goldenen Haare als golden genommen; es bleibt natürlich auch die Frage, ob diese goldenen Haare vielleicht auch rote Haare sind und der Teufel damit dem Bereich der Leidenschaftlichkeit, des Leidens und der warmen Emotionalität zugehört, ob also diese ganze Seite des Lebens verteufelt worden ist, denn Leidenschaftlichkeit, überhaupt Erregbarkeit, die im Rot ausgedrückt ist, führt ja zu oft stürmischen Veränderungen im Leben. Kein Wunder also, wenn dieser Bereich verteufelt und damit ausgegrenzt worden wäre.

Gehen wir zunächst mit dem Jüngling auf den Weg! Dadurch, dass er buchstäblich zum Teufel geschickt wird, ist ausgedrückt, dass diese Trennung wiederum eine sehr harte Trennung für ihn ist, dass er sich nicht einfach seines Lebens freuen kann, sondern immer etwas tun muss, um sich seine Daseinsberechtigung zu erhalten oder aber um wirklich eine Veränderung des kollektiven Bewusstseins und damit der Lebensqualität zu erreichen. Sein Weg führt ihn zu

Städten, die mit einem jeweils wesentlichen Problem umzugehen haben. Diese Probleme kann man im Zusammenhang mit der Herrschaft des alten Königs sehen, mit der herrschenden Bewusstseinseinstellung.

Der Jüngling zeigt noch einmal einen Aspekt seines Glückskindseins: Auf die Frage, was er denn für ein Gewerbe verstünde und was er wisse, sagt er: »Ich weiß alles.« Diese Antwort wirkt zunächst recht selbstbewusst und aufgeblasen. Wie kann der Kerl alles wissen!? Geht sein Vertrauen zu sich selbst jetzt so weit, dass er seine Grenzen nicht mehr kennt?

Im Märchen »Marko der Reiche« geht der Jüngling zum Drachen jenseits des Meeres; auch ihm werden auf dem Wege Probleme erzählt. Er ist gutmütig bereit, diese Probleme dem Drachen zu unterbreiten. Er ist abgegrenzter vom Drachen, gibt auch nicht das Wissen des Drachen als sein Wissen aus.

Wenn der Jüngling unseres Märchens »alles weiß«, dann ist er noch mit einer allwissenden Macht identifiziert. Daher hat er auch die Stärke und die Überzeugung, dass ihm nichts passieren wird; das bewirkt aber auch, dass er sein Wissen nun unter Beweis stellen muss. Noch scheint er mit seiner Glückshaut verbunden zu sein, die jetzt plötzlich in große Nähe zu diesem Teufel im Märchen rückt, der ja viel mehr eine Verkörperung der Weisheit ist als ein Teufel.

Der Torwächter versucht nicht, diesen selbstsicheren jungen Mann zu verderben, er versucht vielmehr, ihn für seine Bedürfnisse einzusetzen. Eine neue Art, mit diesem Glückskind und dieser Verheißung umzugehen, zeichnet sich ab: Probleme werden zugegeben und formuliert, und sie sollen jetzt gelöst werden. Das Glückskind soll nicht mehr daran gehindert werden, entsprechend der Prophezeiung zu leben, sondern es wird gerade dazu herausgefordert.

In realen Lebenssituationen gibt es in der Tat diese beiden – und wohl noch einige mehr – Umgangsformen mit einem Glückskind: Zunächst versucht man, diese Glückskinder nicht so recht ins Spiel eintreten zu lassen, sie werden beargwöhnt und gebremst oder neidisch entwertet. Wenn sich dann aber zeigt, dass sie durchaus fähig sind, die Prophezeiung, die ihnen mitgegeben ist, zu erfüllen, wenn erste »Resultate« da sind, dann werden sie mit Aufgaben überschüttet, dann versucht man, sich an sie zu binden, um auch etwas von ihrem Glück abzubekommen, und wenn nicht von ihrem Glück, dann wenigstens von ihren Fähigkeiten.

Intrapsychisch lassen sich ähnliche Konstellationen beobachten: Bricht etwas Neues in uns auf, konstelliert sich auch der Gegensatz dazu, alles Alte, Eingeschliffene behauptet sich plötzlich mit Macht, das Neue wird nicht seiner Bedeutung gemäß beachtet, sondern eher verdrängt, vergessen. Setzt sich dann das Neue doch durch, versuchen wir, es dort einzusetzen, wo es unsere Probleme löst; wirkliche Heimstatt geben wir dem Neuen aber noch lange nicht, denn Wandlungen sind ja auch sehr schmerzhaft, bedeuten, dass wir viel Liebgewordenes opfern müssen.

Betrachten wir den Jüngling aber als Menschen, der unter der Dominanz eines sehr destruktiven Vaterkomplexes leidet, dann hat sich dieser Vaterkomplex bereits etwas gewandelt: Zwar bleibt er noch unter dem Gebot des Repräsentanten dieses Komplexes (des Königs), in dem Torwächter begegnet ihm aber eine andere männliche Figur, die ihn nicht zu einem Kind macht, sondern ihn auf einer Erwachsenenebene anspricht.

Der trockene Marktbrunnen

»*So kannst du uns einen Gefallen tun*«, *sagte der Wächter,* »*wenn du uns sagst, warum unser Marktbrunnen, aus dem sonst Wein quoll, trocken geworden ist und nicht einmal mehr Wasser gibt.*« – »*Das sollt ihr erfahren*«, *antwortete er,* »*wartet nur, bis ich wiederkomme.*«

Der Marktbrunnen, aus dem sonst Wein quoll, ist trocken, gibt nicht einmal mehr Wasser. Der Marktbrunnen ist vermutlich der zentrale Brunnen in der Stadt, an dem alle Menschen, die hier wohnen, Anteil haben, der aber auch alle versorgt. Dieser Brunnen ist kein gewöhnlicher Brunnen, sondern ein Brunnen mit Wein, ein wunderbarer Brunnen also. Es scheint so, als wären die Bewohner notfalls mit Wasser zufrieden, aber ein Brunnen ohne Wasser und ohne Wein, das ist denn doch gar zu trocken. Da fehlt das Wasser, aber es fehlt auch der Wein.

Brunnen sind gefasste Quellen, die dem Menschen zugänglich und nutzbar gemacht werden. Das Hervorquellen des Wassers kann als Erdgeburt verstanden werden: Die Mutter Erde gibt ihren Reichtum ab, an dem man sich erlaben kann, der aber auch zum Wachstum unerlässlich ist. Wenn ein Brunnen vertrocknet, dann ist, symbolisch gesprochen, das ganze Seelenleben »vertrocknet«. Das Wasser gilt uns auch als bildhafte Beschreibung unserer seelischen Befindlichkeit. So sind wir etwa von übersprudelnder Fröhlichkeit oder fühlen uns bewegt, sind mitten im Flusse des Lebens – oder eben ausgetrocknet.

Im germanischen Völkerbereich gelten die Quellen und die Brunnen als Eingänge zur Unterwelt, manche Brunnen führen bis hinunter in die Hölle, das sind dann entsprechend die Teufelsbrunnen oder die Höllbrunnen. Bekannter sind die »Chindlibrunnen«, die Brunnen, aus denen Kinder geboren werden, aus denen sie vom Jenseits ins Diesseits übertreten.[8]

Der Brunnen verbindet im Volksglauben also das Jenseits mit dem Diesseits, wobei aus der anderen Welt die Belebung, der Reichtum in diese Welt herüberfließen. Solange die Menschen in Beziehung zur jenseitigen Welt stehen, mag das nun die Mutter Natur oder das Faszinosum einer Transzendenz sein, solange sie spüren, dass sie nicht nur von dieser Welt her und nicht vom Brot allein leben können, sondern Bürger zweier Welten sind, so lange fließen auch diese Brunnen. Das »Wasser des Lebens« ist vorhanden. Diese Quellen und Brunnen als Geburtsstätten haben natürlich mit der immerwährenden Neugeburt zu tun, mit dem Leben als ständiger Schöpfung, sie zeigen auch das Weibliche in seinem Reichtum spendenden, verströmenden Aspekt.

In dieser Stadt strömt aber nichts mehr.

Doch nicht nur Wasser strömte einst hier, sondern sogar Wein.

Es ist überliefert, dass durch das Dionysos-Wunder Wasserquellen in Weinquellen verwandelt wurden. Am bekanntesten war nach Ninck die Quelle auf der Insel Andros, aus der alljährlich im Januar zum Dionysosfest Wein floss.[9] Wer von dieser Quelle trinkt, vereint sich mit dem Geist des Weingottes; das bringt nicht nur Berauschung und Inspiration, es steigert auch das seherische Vermögen und den Blick für die Zukunft. Dass das Wasser dabei zu Wein wird, ist gerade das Wunderbare daran: Wenn man von diesem Gott ergriffen ist, dann wird nüchternes Wasser zu inspirierendem Wein, wird das, was wir zu uns nehmen, um unseren

Durst zu stillen, zu etwas, das uns belebt, inspiriert, vielleicht aber auch berauscht. Am Alltäglichen wird dadurch eine Qualität des Außergewöhnlichen, des uns Ergreifenden sichtbar. Dieses Weinwunder ist geradezu das Bild dafür, wie Leben, das sich den Emotionen und damit auch »Jenseitigem« verbunden weiß, eine Qualität der Lebensfülle und des Ergriffenseins bekommt.

Walter F. Otto bringt das Wirken des Dionysos mit einem »alles überflutenden Lebensstrom, der aus den mütterlichen Tiefen empordringt« zusammen. »Im Mythos und im Erlebnis der erschütterten Gemüter sprudeln, wenn Dionysos da ist, nährende, berauschende Quellen aus dem Erdboden... Alles Verschlossene öffnet sich. Fremdes und Feindliches verträgt sich in wunderbarer Eintracht. Uralte Regeln haben plötzlich ihr Recht verloren...« Die »Öffnung des Verschlossenen ist auch die Enthüllung des Unsichtbaren und Zukünftigen.«[10]

Dionysos ist ein Gott der Frauen. Im Mittelpunkt der Dionysischen Mythen und Kulte stehen neben der Gestalt des rasenden Gottes die von ihm mitgerissenen, inspirierten Frauen, die ihn als Neugeborenen aufgenommen haben. Aber auch die Satyrn sind die Begleiter von Dionysos. Sie gelten als gierige, brünstige Böcke. Das fällt allerdings mitten in der Zügellosigkeit, im Lärm, in der Lust, im Rausch, die der Gott mitbringt und die ihn auch zu einem Tröster machen, nicht weiter auf. Ist beim König in unserem Märchen von all diesen dionysischen Eigenschaften bloß noch die nackte Gier der Satyrn übriggeblieben?

Als Gott des Frühlings, aber auch des Todes hat Dionysos sehr viel mit dem aufbrechenden Leben zu tun, mit der schöpferischen Wandlung und der damit verbundenen Inspiration. Dionysos ist nach der Mythologie der Sohn des Zeus und der Semele; er hat also einen göttlichen Vater und eine menschliche Mutter. Dionysos war der Gott des Rausches und der Ekstase, auch der ekstatischen Liebe. Aber er war auch der Gott des Wahnsinns. Er ist ein Gott, der gegensätzlichste Strebungen in sich vereint. Er ist ein Gott der größten Lebensfülle und der grausamsten Vernichtung, er ist ein Gott des Frühlings, wird aber auch mit dem Hades, dem Totengott, gleichgestellt. Er lehrt, wie nah erfülltes Leben, Ekstase und Wahnsinn, Tod und Geburt, beisammen sind.

Diese dionysische Qualität muss also in der Stadt mit dem Weinbrunnen einmal als Lebensstimmung vorhanden gewesen sein: Tanz, Musik, Weissagung, Inspiration, das sind die Lebensbereiche, in denen sich Dionysos zeigt und die dem Leben ein festliches Gepräge geben, erfüllt von Ekstase und Liebe, nicht von Besitzergreifen, die aber auch zum Wahnsinn werden können. Und diese Lebensqualität fehlt nun. Das Leben ist vertrocknet. Der mütterliche Schoß gibt nichts mehr her. So wundert es denn auch nicht, dass im Märchen, obwohl der Jüngling seine Königstochter bereits geheiratet hat, so wenig Erotisches zum Tragen kommt.

Unter der Dominanz dieses gierigen Königs, der alles, was geboren wird, in Besitz nehmen will, kann diese übersprudelnde, inspirierte Lebensfreude nicht gedeihen. Oder umgekehrt: Weil diese inspirierende Gestimmtheit, die ein Gefühl der Lebensfülle vermittelt, nicht mehr erlebt werden kann, muss der König so habgierig sein, darf er nichts Neues zulassen, auch keine Freude. Gier ist oft der verzweifelte Versuch, doch noch etwas vom Leben zu haben, zu ergreifen, wenn man das Lebendige des Lebens, die Fülle, sich versagt.

Hier muss dringend Abhilfe geschaffen werden. Es ist wichtig, zu wissen, weshalb der Wein nicht mehr fließt, damit diese Lebensqualität wieder möglich wird und damit natürlich auch die ekstatische Liebe und die mit ihr verbundene Öffnung, die sich auch als Schau in die Zukunft, als Hoffnung auf Zukunft äußern kann.

Der Apfelbaum ohne goldene Äpfel

Da ging er weiter und kam vor eine andere Stadt, da fragte der Torwachter wiederum, was für ein Gewerb er verstünde und was er wüsste. »Ich weiß alles«, antwortete er. »So kannst du uns einen Gefallen tun und uns sagen, warum ein Baum in unserer Stadt, der sonst goldene Äpfel trug, jetzt nicht einmal Blätter hervortreibt.« – »Das sollt ihr erfahren«, antwortete er, »wartet nur, bis ich wiederkomme.«

Es gab ursprünglich also auch einen Apfelbaum, der goldene Äpfel trug. Jetzt wären die Menschen damit zufrieden, wenn dieser Baum überhaupt wieder Blätter tragen würde, also lebte. Apfelbäume mit goldenen Äpfeln erinnern an die Äpfel der Hesperiden. Die Mutter Erde hatte der Göttin Hera zur Hochzeit einen solchen Apfelbaum geschenkt, der von den Töchtern des Atlas, den Hesperiden, und dem ewig wachsamen Drachen Ladon gehütet wurde. Die goldenen Äpfel sind ein Geschenk der Mutter Erde zur heiligen Hochzeit ihrer Tochter. Dadurch, dass ein Gott und eine Göttin in der heiligen Hochzeit sich miteinander paaren, wird die Fruchtbarkeit der Erde garantiert und erhalten, wird recht eigentlich Auferstehung alles Toten erreicht und damit die Erhaltung der Schöpfung. Die goldenen Äpfel der Hesperiden galten denn auch als Symbole der Unsterblichkeit, einer Unsterblichkeit im Zusammenhang mit der Liebe und der Fruchtbarkeit, die von der Mutter Erde geschenkt werden, der weiblichen Göttin. Deshalb fordern

Prinzessinnen goldene Äpfel auch oft als Liebesgabe von den Märchenhelden. Sie müssen damit zeigen, dass sie an der Liebe, an ihrer Fruchtbarkeit, aber auch an dem Tod, der ihr innewohnt, und den Kräften der Wiedergeburt Anteil haben. Unser Baum im Märchen trägt aber diese goldenen Äpfel nicht mehr; das Symbol der ewigen Fruchtbarkeit, das mit der Liebesgöttin in Zusammenhang steht, gibt es nicht mehr, ja sogar der Baum, auf dem diese Äpfel gewachsen sind, ist krank oder gar abgestorben.

Der Baum ist eines der bedeutendsten Symbole. Er wird oft mit dem Menschen verglichen, er steht aufrecht wie ein Mensch, wächst, blüht, trägt Früchte und verliert sie, vergeht. Er ist in den Rhythmus der Jahreszeiten eingebunden. Oft wird der Baum auch zum Symbol der ganzen Menschheit: Wurzelnd in der Erde, sich ausbreitend in die Welt hinein, strebt sie wie er zum Himmel und verbindet so Unterirdisches mit Überirdischem. Insofern gibt der Baum auch eine Deutung des Menschseins: Wachsend, den Rhythmen der Jahreszeiten entsprechend in dauernder Wandlung, soll der Mensch seinen Urgrund mit dem Himmlischen verknüpfen, soll er Erdhaftes und Himmlisches miteinander verbinden.

Dieses Wachsen ist im Märchen unmöglich geworden. Eros und Fruchtbarkeit können nicht mehr als Wunder gesehen werden, können auch nicht mehr weitergegeben werden. Die Erstarrung in diesem Königreich ist nun recht deutlich dargestellt und wird vom Jüngling auch als Problem mit auf den Weg genommen. Es ist ein Problem, auf das es keine schnelle Antwort gibt, sondern das mitgenommen und bedacht werden muss.

Der Fährmann,
der niemals abgelöst wird

Da ging er weiter und kam an ein großes Wasser, über das er hinüber musste. Der Fährmann fragte ihn, was er für ein Gewerbe verstände und was er wüsste. »Ich weiß alles«, antwortete er. »So kannst du mir einen Gefallen tun«, sprach der Fährmann, »und mir sagen, warum ich immer hin und her fahren muss und niemals abgelöst werde.« – »Das sollst du erfahren«, antwortete er, »warte nur, bis ich wiederkomme.«

Der junge Mann kommt nun an ein großes Wasser, das er überqueren muss. Der Gedanke an ein Jenseitsland – hinter einem großen Strom, hinter einem großen Wasser – ist eine seit alters bekannte Vorstellung. Auch das Land der Toten dachte man sich ursprünglich hinter einem großen Meer. In Märchen wird oft erzählt, dass ein Held, wenn er wirklich nach den wesentlichsten Dingen des Lebens sucht – etwa nach dem Wasser des Lebens, und das sucht er im Grunde auch in diesem Märchen –, zunächst die bekannte Welt bis an ihre Grenzen ausschreiten und sich dann ins Unbekannte übersetzen lassen muss.

Der Fährmann ist auch bereit, das zu tun, es scheint seine Aufgabe zu sein, zwischen den Welten zu vermitteln, zwischen denen der Lebenden und der Toten, oder zwischen den Welten des Diesseitigen und des Jenseitigen, wobei das Jenseitige auch einfach das sein kann, was von den Menschen diesseits ausgegrenzt wurde. Aber auch der Fährmann hat ein Problem: Er wird nie abgelöst, er ist einer, der zwar seine Verbindungsfunktion erfüllt, aber offenbar auch noch einmal wieder in eine andere Lebenssituation gelangen möchte. Er ist einer, der immer die beiden Möglichkeiten miteinander verbindet, ohne daraus auch wirklich etwas machen zu können.

Als Mensch käme er mir vor wie einer, der ständig spürt, dass er an der Schwelle von Möglichkeiten ist, dass er etwas fast formulieren kann, aber immer in diesem Zustand des nur Möglichen bleibt. Er kann, obwohl er immer wieder in der jenseitigen Welt und auch in der diesseitigen landet, nichts Verbindliches in diese Welt der Lebenden herüberbringen, er erschöpft sich im Hin- und Herfahren, in einem ewigen Hin und Her.

Jetzt sind die wesentlichen Probleme, die sich ergeben, wenn ein gieriger König regiert, der keine Erneuerung zulassen kann, vor uns ausgebreitet. Jetzt verstehen wir auch, welche Hoffnungen mit diesem Glückskind verbunden sind und was denn das Märchen unter »Glücken« letztlich versteht. Das Leben ist gefangen in einer Situation, in der Neid und Zerstörung vorherrschend sind, alles Alte muss erhalten werden, die Güter des Lebens versucht man sich zu holen, indem man raubt, was nicht gegeben wird, was die Natur auch nicht freiwillig spendet.

Die Verbindung von Männlichem und Weiblichem ist gestört, wir können den König auch als einen Vertreter des Männlichen ansehen, der den Einflussbereich der Mutter einschränkt. Leidenschaftlichkeit, die Fähigkeit, von Jenseitigem ergriffen zu sein, sich mit einem Gott zu verbinden und dadurch dem Leben den emotionellen Urgrund zu erhalten, ist nicht mehr möglich. Zurück bleibt die nackte Gier. Aber auch das Wissen um die Zukunft, um das Schicksalhafte ist verloren, samt der Fähigkeit, die erneuernde Kraft des Eros zu sehen. Diese Problematik kann eine kollektive Problematik sein; sie kann die Lebensstimmung einer ganzen Zeitspanne ausmachen, in der die Verbindung zu dem, was Fakten übersteigt, nicht mehr gewährleistet ist. Sie kann eine persönliche Problematik sein in einer Lebenssituation, in der ein dominierender Vaterkomplex das Mütterliche, Weibliche und damit auch die Urmutter Natur weit weggedrängt hat.

Der Versuch, sich mit dem Abgedrängten zu verbinden (Fährmann), wird zwar immer wieder gemacht, ist ständig da, weil wir Menschen ja wohl immer in Verbindung bleiben mit unserer Nachtseite, allein dadurch, dass wir schlafen. Aber diese Verbindung bringt zunächst nichts Neues ins Leben herein, wird vermutlich eher als Sisyphusarbeit verstanden. Das Glückskind nun kann diese Probleme angehen, der junge Mann, der mehr als ein anderer mit dieser jenseitigen Welt in Verbindung geblieben ist, der von daher auch ein so fragloses Vertrauen in sein Schicksal hat.

Der Fährmann, der ihn übersetzt, erinnert an den griechischen Totenfährmann Charon[11], der die Toten an die Tore des Hades fahren muss. Charon aber nimmt nie einen Lebenden mit, und auch der Tote muss einen Obolus mitbringen, damit er übergefahren wird. Dass der Märchenheld so anstandslos übergesetzt wird, passt nicht zu Charon. Dass aber der Held in das Jenseits- und Totenland, zum Tor der Hölle gerät, wohin er ja auch will, sagt uns das Märchen klar.

Der Teufel und die Ellermutter

Als er über das Wasser hinüber war, so fand er den Eingang zur Hölle. Es war schwarz und rußig darin, und der Teufel war nicht zu Haus, aber seine Ellermutter saß da in einem breiten Sorgenstuhl. »Was willst du?« sprach sie zu ihm, sah aber gar nicht so böse aus. »Ich wollte gerne drei goldene Haare von des Teufels Kopf«, antwortete er, »sonst kann ich meine Frau nicht behalten.« – »Das ist viel verlangt«, sagte sie, »wenn der Teufel heimkommt und findet dich, so geht dir's an den Kragen; aber du dauerst mich, ich will sehen, ob ich dir helfen kann.« Sie verwandelte ihn in eine Ameise und sprach: »Kriech in meine Rockfalten, da bist du sicher.« – »Ja«, antwortete er, »das ist schon gut, aber drei Dinge möchte ich gerne noch wissen, warum ein Brunnen, aus dem sonst Wein quoll, trocken geworden ist, jetzt nicht einmal mehr Wasser gibt; warum ein Baum, der sonst goldene Äpfel trug, nicht einmal mehr Laub treibt, und warum ein Fährmann immer herüber und hinüber fahren muss und nicht abgelöst wird.« – »Das sind schwere Fragen«, antwortete sie, »aber halte dich nur still und ruhig, und hab acht, was der Teufel spricht, wann ich ihm die drei goldenen Haare ausziehe.«

Die Ellermutter in der Hölle sieht gar nicht so böse aus. Sie sitzt auch in einem Sorgenstuhl. Es dürfte hinreichend gemütlich gewesen sein bei ihr. Wir erfahren nichts von einer schwarzen, heißen, nach Schwefel stinkenden Hölle.

Wie bei seiner Verirrung im Walde trifft der junge Mann zunächst eine alte Frau, die freundlich zu ihm ist. Und so wissen wir, dass wir jetzt zwar im Reiche des Teufels sind, in der Hölle, aber dass es hier kaum höllischer zugeht als unter dem Regime dieses Königs.

Was für einen Teufel haben wir denn hier vor uns?

In der Hölle, ausgegrenzt, oder im Bereich des Totenlandes, wo sie der Wiedergeburt harren, hausen der Teufel mit den goldenen Haaren, der also weise ist, eine besondere Erkenntnisfähigkeit und Weitsichtigkeit hat, und die Ellermutter, die sich als hilfreiche und listige Frau erweist. Die große Mutter ist also mit dem Teufel zusammen »verteufelt«, abgedrängt worden; dadurch sind die vielen Probleme, denen wir begegnet sind, entstanden.

Hel (Hölle) ist in der germanischen Mythologie der Name des Totenreiches, aber auch der Name der Göttin dieses Totenreiches, die damit im Kreis der großen Muttergöttinnen steht, die immer zugleich Frühlingsgöttinnen, Erdgöttinnen und Todesgöttinnen sind und so den Rhythmus von Auferstehen, Wiedergeborenwerden, Reifen und Sterben verkörpern, ihn als göttlich darstellen. Zudem sind sie immer auch Liebesgöttinnen, denn die Liebe hat in sich diesen Rhythmus und führt uns darum immer wieder in diesen ewigen Wechsel hinein.

In der Hölle finden wir also die alles dominierende Muttergöttin der matriarchalen Zeiten, zusammen mit dem Teufel, der sich hier ja noch als gefallener Luzifer zu erkennen gibt. Nach Göttner-Abendroth[12] führte Luzifer den Aufstand gegen den patriarchalen Gott Jahwe, weil er sich der Heiligen Weisheit – einer weiblichen Gottheit – mehr verpflichtet fühlte. Ihretwegen kämpfte er mit Jahwe, und die matriarchalen Symboltiere, die heute zu Hexentieren geworden sind (zum Beispiel Schlangen), begleiteten ihn als die Dämonen. Zur Strafe wurde er in die Hölle gestürzt, in die Unterwelt, eben zu Hel.

Man kann in Luzifer den männlichen Gott einer Zeit sehen, in der das Matriarchat geherrscht hatte, wo der Mann als der göttliche Heros der großen Mutter mit ihr die heilige Hochzeit feiern konnte, also ein noch vorpatriarchales Verständnis von Männlichkeit und Beziehung verkörperte. Diese Beziehungsform ist abgedrängt, damit aber auch der Reichtum der großen Mutter eben »zum Teufel« oder beim Teufel; alles, worin sich der Reichtum und die Fülle des Lebens zeigt, ist teuflisch und daher verboten. Verteufelt auch die Weitsicht, das Wissen, das Ahnen um größere Zusammenhänge. Wie schnell nennen wir unsere klare Neugier nach Wissen um unsere Zukunft und die dazu nötigen Verfahren, die wir einsetzen, um den Schleier der Zukunft zu lüften, »teuflischen Aberglauben«!

Welch ein Reichtum findet sich doch in dieser Hölle – die drei goldenen Haare sind nur ein kleiner Ausdruck dafür!

Im Teufel und seiner Ellermutter treffen wir ein Paar, bei dem die Frau Einfluss hat auf den Mann, wie ja auch die alte Frau Einfluss hatte auf den Räuberhauptmann. Im Kontrast dazu steht die Beziehung des Königs zu seiner Frau: Sie hat Befehle auszuführen, sie hat nichts zu sagen. Eine Beziehungsform, in der die Frau eine wichtige Funktion hat, könnte also in die Hölle abgedrängt worden sein oder in die Verborgenheit des Waldes. Wie diese Beziehungform aussieht, zeigt sich, wenn der Teufel die drei goldenen Haare hergeben muss und dabei die Rätsel löst.

Immerhin, ganz so gemütlich, wie ich bis jetzt die Hölle geschildert habe, scheint sie doch nicht zu sein. Wieder einmal ist unser Held vom Tode bedroht, gleichzeitig aber auch in so schützenden Mutterhänden, dass man nicht so recht an den Tod glaubt.

Der Teufel ist hier als Menschenfresser dargestellt. Das ist die traditionelle Darstellung des Teufels. Er ist der Feind Gottes und damit des guten Lebens. Vielleicht hat man aber dem Teufel diesen Kannibalismus auch übergestülpt, um uns zu retten von allem Teuflischen, das doch noch so sehr mit den Kulten der großen Mutter, die manchmal auch recht kannibalisch zu sein pflegten, verbunden ist.

Die Bedrohung besteht darin, dass der Teufel die Menschen frisst, dass er sie sich also einverleibt, dass sie gerade das Menschliche, das darin besteht, dass man zwei Welten zugleich angehört, nicht mehr verwirklichen können. Wenn man bedenkt, wie sehr der Teufel ausgespart ist mit seiner Weltsicht, dann wundert es nicht, dass er einen Zorn auf die Menschen hat. Heimlich geht er dann ja doch immer um und schadet, so wie Lebensmöglichkeiten, die wir sehr verdrängen, weil wir uns vor ihnen ängstigen, in unserem Leben doch immer wieder Platz nehmen und uns auch bedrohen.

Der junge Mann soll aber nicht hier bleiben, er soll nicht scheitern; dieser Besuch beim Teufel in der Hölle kann wohl als Erlebnis von Tod und Wiedergeburt aufgefasst werden in dem Sinne, dass sein altes Leben für ihn unlebbar geworden ist, dass er auf seiner langen Suche, auf der sich seine Probleme gezeigt haben, sich jetzt wiederum in eine Höhle begibt, die zugleich als Hölle und Unterwelt gezeichnet ist, wo sich ihm nun die Rätsel lösen müssen, damit das Leben wieder seine Lebendigkeit zurückbekommt.

Von den Tempeln der großen Mutter auf Malta sagt man, dass dort Kranke hinkommen konnten, im Tempel schlafen und im Schlaf durch den Traum einen Anstoß zur Lösung ihrer Probleme bekamen. Heilschlaf nannte man diesen Schlaf. So etwa könnte man auch den Aufenthalt des jungen Mannes in der Hölle bezeichnen, wobei ja immer die Frage bestehen bleibt, ob man eine Antwort findet, oder ob man »aufgefressen« wird, ob wirklich der Tod eintritt oder eine Wiedererneuerung des Lebens.

Die Verwandlung in eine Ameise dürfte zunächst einen ganz praktischen Grund haben: Die Ameise lässt sich gut in den Rockfalten verbergen, ist klein und unscheinbar.

Die Ameise gilt als Symbol für Fleiß und organisiertes Gemeinschaftsleben, auch als Symbol für weise Voraussicht, da sie sich Vorräte anlegt. Mit diesem Symbol ist vielleicht auch die Haltung des jungen Mannes angedeutet, in der er die Lösung seiner Probleme erwartet. Jetzt sagt er nicht mehr: »Ich weiß alles«, sondern er bittet bescheiden um Hilfe. Jetzt macht er sich nicht mehr groß, sondern zeigt sich in einer bescheidenen Gestalt, verleugnet aber – dargestellt in diesem Tier – doch auch nicht, welche Eigenschaften ihn sonst auszeichnen: Fleiß, Voraussicht, Sinn für die Gemeinschaft. Gerade dieser Sinn für das Zusammenleben dürfte ihn ja überhaupt auf seinen Weg gebracht haben. So zufällig ist also die Verwandlung in die Ameise nun auch wieder nicht.

Der Teufel als Traumdeuter

Als der Abend einbrach, kam der Teufel nach Haus. Kaum war er eingetreten, so merkte er, dass die Luft nicht rein war. »Ich rieche, rieche Menschenfleisch«, sagte er, »es ist hier nicht richtig.« Dann guckte er in alle Ecken und suchte, konnte aber nichts finden. Die Ellermutter schalt ihn aus, »eben ist erst gekehrt«, sprach sie, »und alles in Ordnung gebracht, nun wirfst du mir's wieder durcheinander; immer hast du Menschenfleisch in der Nase! Setze dich nieder und iß dein Abendbrot.« Als er gegessen und getrunken hatte, war er müde, legte der Ellermutter seinen Kopf in den Schoß und sagte, sie sollte ihn ein wenig lausen. Es dauerte nicht lange, so schlummerte er ein, blies und schnarchte. Da fasste die Alte ein goldenes Haar, riss es aus und legte es neben sich. »Autsch!«, schrie der Teufel, »was hast du vor?« – »Ich habe einen schweren Traum gehabt«, antwortete die Ellermutter, »da hab ich dir in die Haare gefasst« – »Was hat dir denn geträumt?« fragte der Teufel. »Mir hat geträumt, ein Marktbrunnen, aus dem sonst Wein quoll, sei versiegt, und es habe nicht einmal Wasser daraus quellen wollen, was ist wohl schuld daran?« – »He, wenn sie's wüssten!« antwortete der Teufel, »es sitzt eine Kröte unter einem Stein im Brunnen; wenn sie die töten, so wird der Wein schön wieder fließen.« Die Ellermutter lauste ihn wieder, bis er einschlief und schnarchte, dass die Fenster zitterten. Da riss sie ihm das zweite Haar aus. »Hu! was machst du?« schrie der Teufel zornig. »Nimm's nicht übel«, antwortete sie, »ich habe es im Traume getan.« – »Was hat dir wieder geträumt?« fragte er. »Mir hat geträumt, in einem Königreiche ständ ein Obstbaum, der hatte sonst goldene Äpfel getragen und wollte jetzt nicht einmal Laub treiben. Was war wohl die Ursache davon?« – »He, wenn sie's wüssten!« antwortete der Teufel, »an der Wurzel nagt eine Maus; wenn sie die töten, so wird er schon wieder goldene Äpfel tragen, nagt sie aber noch länger, so verdorrt der Baum gänzlich. Aber lass mich mit deinen Träumen in Ruhe; wenn du mich noch einmal im Schlafe störst, so kriegst du eine Ohrfeige.« Die Ellermutter sprach ihm gut zu und lauste ihn wieder, bis er eingeschlafen war und schnarchte. Da fasste sie das dritte goldene Haar und riss es ihm aus. Der Teufel fuhr in die Höhe, schrie und wollte übel mit ihr wirtschaften, aber sie besänftigte ihn nochmals und sprach: »Wer kann für böse Träume!« – »Was hat dir denn geträumt?« fragte er und war doch neugierig. »Mir hat von einem Fährmann geträumt, der sich beklagte, dass er immer hin und her fahren müsste und nicht abgelöst würde. Was ist wohl schuld?« – »He, der Dummbart!« antwortete der Teufel, »wenn einer kommt und will überfahren, so muss er ihm die Stange in die Hand geben, dann muss der andere überfahren, und er ist frei.« Da die Ellermutter ihm die drei goldenen Haare ausgerissen hatte und die drei Fragen beantwortet waren, so ließ sie den alten Drachen in Ruhe, und er schlief, bis der Tag anbrach.

Die Ellermutter übernimmt jetzt die Regie, der Held muss als Ameise bloß zuhören. So wie wir, wenn wirklich große Probleme zu lösen sind, zunächst auch einmal offen in uns hineinhorchen müssen, um zu sehen, welche Bilder und Antworten uns in unseren Träumen und Phantasien gegeben werden. Die Aktivität, das Realisieren dessen, was wir gehört haben, folgt später.

Die Ellermutter gibt dem Teufel zu essen, er legt seinen Kopf in ihren Schoß und bittet darum, gelaust zu werden. Hier zeigt sich die nahe, auch liebevolle Verbindung von Teufel und Ellermutter, ist doch das Lausen Zeichen für einen intimen und zärtlichen Umgang miteinander. Außerdem ist es natürlich auch eine mütterliche Geste.

Nun reißt ihm die Ellermutter drei goldene Haare aus, das heißt, sie »reißt« ihm drei Weisheiten aus, sie entreißt ihm drei Geheimnisse. Die goldenen Haare zeigen, dass diese Weisheiten sehr wesentlich sind, im wahrsten Sinne des Wortes aber auch erleuchtend. Die Ellermutter gibt die Fragen als Träume aus, und mir scheint, dass sie uns auch damit einen ganz brauchbaren Hinweis zum Verständnis dieser Situation in die Hand gibt: Diese Fragen könnten geträumt sein, und die Antworten, die ja in direktem Zusammenhang mit den Fragen stehen, gleichen Antworten, wie wir sie aus unseren Träumen kennen und die so wertvoll sind wie Gold. Diese Träume geben uns Erleuchtung, sie sagen uns, wie denn diese problematische Situation zu verändern ist. Hark[13] spricht in diesem Zusammenhang von luzider Traumerfahrung und sagt: »Luzid heißt in diesem Zusammenhang, dass einem blitzartig klar wird, ›wo der Hund begraben liegt‹. Es ist eine aus der eigenen Seele aufleuchtende Einsicht, die eine verwandelnde Kraft für das Leben ausstrahlt.«

Mir scheint, als wären viele Märchen so etwas wie luzide Träume, die wir erst jetzt – Jahrhunderte nach ihrem Entstehen – in ihrer existentiellen Bedeutung für das menschliche Leben zu verstehen beginnen. Diese verwandelnde Lebenskraft zeigt sich im Märchen in einer Situation, in der das Leben von der Austrocknung bedroht, vom ewigen Hin und Her des Fährmanns, von der Abwesenheit allen Eros gekennzeichnet ist.

Des Teufels Lösungen: Unter einem Stein im Brunnen sitzt eine Kröte, die getötet werden muss. An der Wurzel des Baumes nagt eine Maus, wenn man sie tötet, dann gibt es wieder goldene Äpfel, nagt sie aber weiter, dann verdorrt der Baum ganz. Der Fährmann aber soll einfach einem andern, der da kommt, die Stange in die Hand drücken, dann ist er frei und kann etwas anderes tun. Das ewige Hin- und Herfahren ist offenbar nicht zu umgehen, aber es muss es ja nicht immer derselbe machen.

Hier erweist sich nun der Teufel nicht nur als weitsichtig, sondern auch als listig, als einer, der weiß, wie die Dinge gewandelt werden können. Er hat merkuriale Züge: Merkur, besser bekannt als Hermes, war bei den Griechen der Hüter der Tore und Türen – vielleicht sind sogar die Torwächter, denen der junge Mann begegnet ist, schon Vorposten des »Teufels« gewesen, eines Teufels, der um die sinnvolle Veränderung besorgt ist. Hermes ist auch ein Gott der Übergänge, von daher der Beschützer der Wanderer und Grenzgänger. Seine Symbolik reicht bis hin zum nächtlichen Geleiter und damit bis zum Totengott. Aber auch als Rinderdieb kennen wir ihn, als trickreiche Figur, mit Gewandtheit, List, Erfindungsgabe und Schelmenwitz ausgestattet, nie wirklich böse, aber eine Macht, die für Veränderung sorgt, wenn möglich für eine elegante Veränderung[14].

Der Teufel in unserem Märchen scheint mir viel mehr diese merkurialen Qualitäten zu haben, als wirklich »böse« zu sein, wobei das Merkuriale natürlich von all jenen, die keine Veränderung haben wollen, die keinen Sinn haben für schöpferische Erneuerungen und die damit verbundenen Umtriebe, die alles vorhersehbar haben wollen, als durchaus »böse« bewertet wird. Es geht ja dabei um eine Frage der Wertung und damit um das Empfinden der Bedrohung der eigenen Werte, weniger um etwas objektiv Böses.

Der belebende Rückweg

Als der Teufel wieder fortgezogen war, holte die Alte die Ameise aus der Rockfalte und gab dem Glückskind die menschliche Gestalt zurück. »Da hast du die drei goldenen Haare«, sprach sie, »was der Teufel zu deinen drei Fragen gesagt hat, wirst du wohl gehört haben.« – »Ja«, antwortete er, »ich habe es gehört und will's wohl behalten.« – »So ist dir geholfen«, sagte sie, »und nun kannst du deiner Wege ziehen.« Er bedankte sich bei der Alten für die Hilfe in der Not, verließ die Hölle und war vergnügt, dass ihm alles so wohl geglückt war. Als er zu dem Fährmann kam, sollte er ihm die versprochene Antwort geben. »Fahr mich erst hinüber«, sprach das Glückskind, »so will ich dir sagen, wie du erlöst wirst«, und als er auf dem jenseitigen Ufer angelangt war, gab er ihm des Teufels Rat: »Wenn wieder einer kommt und will übergefahren sein, so gib ihm nur die Stange in die Hand.« Er ging weiter und kam zu der Stadt, worin der unfruchtbare Baum stand und wo der Wächter auch Antwort haben wollte. Da sagte er ihm, wie er vom Teufel gehört hatte: »Tötet die Maus, die an seiner Wurzel nagt, so wird er wieder goldene Äpfel tragen.« Da dankte ihm der Wächter und gab ihm zur Belohnung zwei mit Gold beladene Esel, die mussten ihm nachfolgen. Zuletzt kam er zu der Stadt, deren Brunnen versiegt war. Da sprach er zu dem Wächter, wie der Teufel gesprochen hatte: »Es sitzt eine Kröte im Brunnen unter einem Stein, die müßt ihr aufsuchen und töten, so wird er wieder reichlich Wein geben.« Der Wächter dankte und gab ihm ebenfalls zwei mit Gold beladene Esel.

Die Ellermutter gibt dem Glückskind – hier wird der junge Mann nun wieder ausdrücklich Glückskind genannt – die goldenen Haare und vergewissert sich, dass er die Antworten des Teufels auch gehört hat. Er bedankt sich für die Hilfe in der Not, verlässt die Hölle und ist vergnügt, dass ihm alles so wohl geglückt ist.

Jetzt nimmt er wahr, dass er etwas Wesentliches ausgehalten und mitgenommen hat, er stolpert nicht mehr einfach in sein Glück hinein wie bei der Heirat mit der Königstochter, jetzt hat er für sein Glück auch etwas getan und kann sich darüber freuen. Das selbstverständliche Glück, das er bisher immer hatte und das ihm auch nicht besonders Eindruck machte – wie soll einem schon etwas Eindruck machen, das einem selbstverständlich ist –, ist nun einem sehr wachen Bezug zum Glück gewichen: Er kann sich freuen an seinem Glück.

Das scheint mir eine typische Entwicklung. zu sein bei einem Menschen mit positivem Bezug zu sich selbst, mit positivem Narzissmus: Glück gehört einfach dazu, ist ihm sozusagen vom Leben versprochen. Vieles, was diesem Menschen im Leben glückt, wird ebenso selbstverständlich hingenommen, auch wenn er sich einige Mühe dafür gegeben hat. Es ist nun einmal das Gesetz, nach dem er angetreten ist. Erst, wenn eine Durststrecke des Lebens ihn einholt und er zäh und unbeirrt – im geheimen Wissen um sein letztliches Glück – aushält und seinen Weg geht, auch eine Phase der großen Ratlosigkeit und Unlebendigkeit aushält, dann aber die Erlösung sich in neuer Belebung und in neuen Kenntnissen zeigt, bekommt er einen Sinn dafür, dass das, was ihm so glückhaft zufällt, auch erarbeitet wurde und Freude darüber durchaus angebracht ist.

Den Weg in die Hölle kann man auch verstehen als einen Weg, auf dem das Glückskind die weniger glückhaften Seiten dieses Lebens sehen musste, an denen es natürlich auch Anteil hat. Das Wesentliche bei einem Menschen mit positivem Narzissmus besteht aber darin, dass er – trotz seiner schonungslosen Einsicht in die Probleme, die bei ihm meistens sogar noch schonungsloser ist als bei andern Menschen, weil er die Probleme auch zulassen kann – dass er sicher ist, sie meistern zu können. Denn letztlich weiß er eben doch alles.

Das Glückskind zeichnet sich auch durch Klugheit aus: Die Antwort auf die Frage des Fährmannes gibt er diesem erst, als er übergesetzt ist. Er verhindert damit, dass er selbst zum Fährmann wird, zwischen den Welten, in einem ewigen Hin und Her treibt, ohne wirklich etwas Neues ins Leben bringen zu können. Der Weg zurück ist ja der Weg, auf dem das, was er erfahren hat, ins Leben hineingebracht, inkarniert wird; dadurch entsteht auch die Wandlung. Dieses ewige Hin- und Herfahren kennen wir dort, wo Menschen sich nie entscheiden können, ob sie in einer Traumwelt oder in einer von ihnen zu gestaltenden Welt leben möchten. Dieses Hin- und Herfahren muss offenbar auch sein, aber nicht das Glückskind ist dafür ausersehen, sondern letztlich dann der alte König.

Der Stadt mit dem unfruchtbaren Baum kann der Held den Grund dafür angeben: Eine Maus nagt an den Wurzeln, diese Maus muss getötet werden. Die Wurzeln des Lebens- und des Liebesbaumes sind also bedroht. Da, wo der Baum in einem Zusammenhang steht mit der Erde, wo er verwurzelt ist im chthonischen Bereich, nagt ein gefräßiges Tier. Die Gefräßigkeit und ihre große Fähigkeit zur Vermehrung ließen die Maus, besonders im Mittelalter, oft als Teufelstier oder als Hexentier erscheinen, als ein Tier, das den Menschen schadet. Insofern steht die Maus in engem Zusammenhang mit der verteufelten, verhexten Erdgöttin. Was hier so sehr verdrängt wurde, das nagt nun am Baum des Lebens und der Liebe – und muss getötet werden. Das Bedürfnis nach dem Weiblichen in seiner strahlenden Form, wie es sich im Eros (goldene Äpfel) zeigt, und in seiner inspirierenden Form (Marktbrunnen mit Wein) ist jetzt erkannt. Das Weibliche braucht sich nicht länger in nur destruktiver Form bemerkbar zu machen, in einem Nagen, das uns klarmacht, dass etwas mit uns nicht ganz stimmt, in Schuldgefühlen, die die Liebe nicht mehr wirklich zulassen wollen. Dieses Nagen kann jetzt geortet, gesehen und vernichtet werden.

Vor der Öffnung mit dem Wein sitzt eine Kröte. In Ägypten stellt die Kröte die Göttin Hiqit dar, die eine Göttin der Auferstehung ist, also auch eine Göttin, die in den Kreis der Frühlingsgöttin und der Todesgöttin gehört. In der mittelalterlichen Kunst stellt die Kröte den Hochmut und die Wollust dar, wie auch den Geiz. Sie wird oft symbolisch in einem Gegensatz zum Frosch gesehen: Ist der Frosch das Symbol der Auferstehung, so ist die Kröte das Symbol des Versinkens in der Finsternis und in der Hölle. Sie gilt also als die Kraft, die die Auferstehung gerade blockiert.[15]

Die Wertung der Kröte als gut oder als böse hängt mit der Wertung der Muttergöttin zusammen. In Ägypten, wo die Muttergöttin über lange Zeit eine wesentliche Rolle spielte und auch geachtet war, sind die Tiere, die zu ihr gehören, auch nicht verteufelt worden. Wenn die Muttergöttin entwertet wird, dann werden auch die Tiere, die sie begleiten, damit aber auch unsere körperlichen, instinktiven, vitalen Kräfte, die mit ihr im Zusammenhang stehen, verteufelt oder verhext. Und deshalb kann der Wein in unserem Märchen gar nicht mehr fließen, er darf nicht fließen. Erst wenn die Kröte getötet ist, wenn das Weibliche gerade in der aufbrechenden Freude des Frühlings, des Wiederauferstehens, des Sich-neu-Einlassens aufs Leben, aber auch der Begeisterung durch das Emotionelle, das Ergriffen- und Gepacktsein nicht mehr verteufelt wird, dann kann der Wein wieder fließen.

Heute beklagen wir uns oft über unsere kühle, trockene Art, miteinander umzugehen. »Verkopft« sein ist schon fast zum Schimpfwort geworden. Trotzdem wird »emotional« sein auch ganz schnell als Fehler abgelehnt, auch wenn wir wissen, dass unser Lebendigstes in unseren Emotionen steckt. Der Grund liegt wohl darin, dass wir Angst haben vor den Emotionen, Angst vor ihrem entgrenzenden, vor ihrem chaotischen Aspekt. Natürlich geht es nicht darum, sich ganz von den Emotionen wegtragen zu lassen, wir werden sie immer auch formen müssen; aber es geht auch nicht an, sie einfach zu verdrängen, unterkühlt zu leben und dafür von emotionellen Einbrüchen oder von nagenden Depressionen begleitet zu sein.

Auf dem Rückweg bringt das Glückskind das Leben zurück. Goldene Äpfel werden wieder in Aussicht gestellt: Die Gefühle des Eros und die damit empfundenen Gefühle der Unsterblichkeit können wieder aufbrechen, die inspirierende, verwandelnde Kraft der Emotionen wird wieder erfahrbar, die Quelle führt wieder Wein.

Der Reichtum, der nun als Lebensfülle erfahrbar wird, wird auch daran ersichtlich, dass das Glückskind jeweils zwei Esel, mit Gold beladen, bekommt. Das Glück wird sichtbar. Der Esel kann hier einfach als Lasttier gewählt sein, aber in ihm, dem Tier des Dionysos, wird auch sichtbar, dass hier nicht nur ewige Werte zu holen waren, sondern auch handfeste, menschliche, sexuelle, triebhafte, lebendige – dass also auch eine neue Beziehung zum Körper gefunden worden ist und damit auch zur Triebhaftigkeit im allgemeinen und zur Sexualität im Besonderen.

Die Versetzung des Königs

Endlich langte das Glückskind daheim bei seiner Frau an, die sich herzlich freute, als sie ihn wiedersah und hörte, wie wohl ihm alles gelungen war. Dem König brachte er, was er verlangt hatte, die drei goldenen Haare des Teufels, und als dieser die vier Esel mit dem Golde sah, ward er ganz vergnügt und sprach: »Nun sind alle Bedingungen erfüllt, und du kannst meine Tochter behalten. Aber, lieber Schwiegersohn, sage mir doch, woher ist das viele Gold? Das sind ja gewaltige Schätze!« – »Ich bin über einen Fluss gefahren«, antwortete er, »und da habe ich es mitgenommen, es liegt dort statt des Sandes am Ufer.« – »Kann ich mir auch davon holen?« sprach der König und war ganz begierig. »Soviel Ihr nur wollt«, antwortete er, »es ist ein Fährmann auf dem Fluss, von dem lasst Euch überfahren, so könnt ihr drüben Eure Säcke füllen.« Der habsüchtige König machte sich in aller Eile auf den Weg, und als er zu dem Fluss kam, so winkte er dem Fährmann, der sollte ihn übersetzen. Der Fährmann kam und hieß ihn einsteigen, und als sie an das jenseitige Ufer kamen, gab er ihm die Ruderstange in die Hand und sprang davon. Der König aber musste von nun an fahren zur Strafe für seine Sünden.

»Fährt er wohl noch?« – »Was denn? Es wird ihm niemand die Stange abgenommen haben.«

Die Frau des Glückskinds freut sich herzlich, als sie ihn wiedersieht. Er war auf den Weg gegangen, weil er seine Frau behalten wollte, wenn auch auf Geheiß des Königs. Der hatte eigentlich sein Verderben im Kopf und hatte wohl niemals damit gerechnet, dass das Glückskind ausgerechnet das befreit, was von ihm verteufelt worden ist, dass es das Land zur Lebendigkeit erlöst. Aber das merkt der König gar nicht; er freut sich nur über das Geld. Er bleibt gierig. Das aber macht sich das Glückskind zunutze und erweist sich darin als guter Schüler des merkurialen Teufels; denn wenn einer im Märchen schon bei so einem Teufel war, dann hat er auch Eigenschaften von ihm übernommen. Das Glückskind überlistet nicht nur den Fährmann, sondern auch den König und zeigt damit, dass starke Kräfte, die keinesfalls daran denken, von selbst abzutreten, nur durch List zu bannen sind.

Man hätte erwarten können, dass der König von selbst abtritt. Aber weit gefehlt: Er möchte wohl den Reichtum seines Schwiegersohnes haben, gleichzeitig aber sein Regime weiter aufrechterhalten. So, wie wir oft, wenn wir eine Erfahrung gemacht haben, die eigentlich unser Leben umkrempeln müsste, das alte Leben weiterführen und zugleich das Neue mitnehmen möchten. Die radikale Veränderung des Lebensgefühls ist erst möglich, wenn dieser gierige König abgesetzt ist.

Als Problem des Glückskindes verstanden, heißt das, dass es selber von einer großen Gier beherrscht wird, die es gerade vom Glück wegführen könnte. Der König aber wird nun selber auf die Reise geschickt, er soll auch den Weg gehen, und jedermann weiß nun, dass er immer hin- und herfahren wird zwischen der Welt des Teufels und der Welt des Glückskindes. Er, der den Tod für sich nicht akzeptieren wollte, pendelt jetzt immer zwischen Tod und Leben – etwas, das er, bildhaft gesprochen, eigentlich schon immer getan hat.

Das Märchen stellt das als Strafe für seine Sünden hin und moralisiert dadurch in bekannter Grimmscher Weise. Man kann diese Szene aber auch so verstehen, dass sich nun die Prophezeiung wirklich erfüllt hat, die mit der Geburt des Glückskindes verbunden war: Ein lebendigeres Leben ist möglich geworden. Trotzdem kann aber das, was zuvor das lebendige Leben gehindert hat, nicht einfach überwunden werden, diese Haltung, die im König verkörpert ist, stirbt auch nicht einfach. Es geht wohl darum, zu wissen, dass diese Haltung immer auch mitlebt, auch wenn sie im Moment nicht bemerkbar ist und stört. Es ist durchaus möglich, dass wieder einmal einer übergesetzt wird, dann könnte der König ihm die Stange in die Hand drücken, und es besteht die Gefahr, dass er zurückkommt.

Gier, Habgier, Neid, die Versuchung, nichts Neues ins Leben hineinwachsen zu lassen, ist wohl eine menschliche Versuchung, die uns immer begleitet, die auch in unserer Psyche immer als Feind des Neuen erlebt wird. Es ist zu bedenken, dass diese Seite immer vorhanden ist, auch wenn das Glückskind modellhaft gezeigt hat, wie mit einem solchen Verhalten umzugehen ist.

Letztlich aber sagt uns dieses Märchen: Wenn einmal eine Weissagung gemacht worden ist, wenn jemand als Glückskind auf die Welt gekommen ist, dann kann nichts, aber auch gar nichts der Erfüllung dieses Glücks im Wege stehen. Dennoch verweilt das Märchen lange bei der Schilderung des Bedrohtseins durch den Tod, des drohenden Untergangs, des möglichen Scheiterns, als wolle es sagen: Wir leben immer gegen den Tod an, aber die Kräfte, die den Tod wollen, sind nicht stärker als die, die das Leben wollen – wenn wir Glückskinder sind. Es kommt bloß darauf an, dass wir diese Weissagung auch für uns in Anspruch nehmen, wissend, dass letztlich jeder sein ganz eigenes Schicksal hat, das sich erfüllen muss, und dass Leben dann geglückt ist, wenn wir unser Schicksal, wie schwer oder wie leicht es auch sein mag, wirklich leben, wenn wir das Problem auf uns nehmen, das wir zu lösen haben.

Das setzt aber voraus, dass wir recht gut hinhören, was das Leben, das innere Leben von uns will, denn die Sprache der Brunnen und der Bäume ist nicht die Sprache des Königs. Das macht letztlich das Glückhafte dieses Glückskindes aus: Es ist dieser weiblichen Welt des Ursprungs und des Urgrunds auf eine selbstverständliche Art verbunden, öffnet sich ihren Weisungen und nimmt das Risiko der gefährlichen Wege ohne zu zaudern auf sich. Es hat Vertrauen zum Leben, das sich ihm durchaus nicht von der einfachsten Seite zeigt.

Sind wir alle Glückskinder und merken es bloß nicht, oder wollen wir es nicht merken, damit wir nicht den Weg eines Glückskindes auf uns nehmen müssen?

ANMERKUNGEN

1 Handwörterbuch des deutschen Aberglaubens, Berlin/Leipzig 1927
2 Ebenda, S. 890
3 Ebenda, S. 891
4 Russische Volksmärchen, Köln 1959
5 Lüthi, M.: So leben sie noch heute, Göttingen 1969, S. 73
6 Vgl. Jung, C. G.: Die Psychologie des Kindarchetypus. Gesammelte Werke 9, I, Olten 1976, S. 174ff.
7 Riedel, J.: Farben in Religion, Gesellschaft, Kunst und Psychotherapie, Stuttgart 1983
8 Vgl. Ninck, M.: Die Bedeutung des Wassers im Kult und Leben der Alten. Wissenschaftliche Buchgesellschaft, Darmstadt 1967, S. 73
9 Ebenda, S. 101
10 Walter, F. O.: Dionysos, Frankfurt 1980, S. 88f.
11 Lüthi, M.: ebenda, S. 73
   von Beit, H.: Symbolik des Märchens, Bern 1971, S. 376ff.
12 Göttner-Abendroth, H.: Die Göttin und ihr Heros, München 1980, S. 125
13 Hark, H.: Religiöse Neurosen, Stuttgart 1984, S. 157
14 Vgl. Kast, V.: Mann und Frau im Märchen, Olten 1983, S. 107
15 Chevalier, J., Gheerbrant, A.: Dictionnaire des symboles, Laffont 1969